Jürgen Erbacher

Weiter denken

Jürgen Erbacher

Weiter denken

Franziskus als Papst und Politiker

Patmos Verlag

VERLAGSGRUPPE PATMOS

PATMOS
ESCHBACH
GRÜNEWALD
THORBECKE
SCHWABEN

Die Verlagsgruppe
mit Sinn für das Leben

MIX
Papier aus verantwortungsvollen Quellen
FSC® C014496
FSC www.fsc.org

Für die Verlagsgruppe Patmos ist Nachhaltigkeit ein wichtiger Maßstab ihres Handelns. Wir achten daher auf den Einsatz umweltschonender Ressourcen und Materialien.

www.patmos.de

Umschlaggestaltung: Finken & Bumiller
Umschlagabbildung: © KNA-Bild
Satz: Schwabenverlag AG, Ostfildern
Druck: GGP Media GmbH, Pößneck
Hergestellt in Deutschland
ISBN 978-3-8436-1038-4

Inhalt

Vorwort

Papst Franziskus pflegt nicht nur einen neuen Stil der Amtsführung. Er setzt auch ungewohnte Schwerpunkte. Kirche steht für ihn nicht außerhalb der Welt, sondern ist ein Teil von ihr im Guten wie im Schlechten. Sein Anliegen ist, dass in Kirche wie Gesellschaft niemand ausgeschlossen wird. Alle sollen menschenwürdig in Freiheit und Sicherheit leben können. Damit ist er ein zutiefst politischer Papst, obwohl er kein Politiker sein möchte. Mit seinen Worten und Taten will er vor Augen führen, was es heißt, sein Leben radikal in der Nachfolge des Jesus von Nazaret zu gestalten.

Daher ist es zunächst wichtig, zu verstehen, wie Franziskus das Christsein als Gemeinschaft der Glaubenden sieht. Eine arme und barmherzige Kirche ist zugleich eine zutiefst politische Kirche. Das lebt Franziskus vor. Dafür reicht ein »Weiter so wie bisher« nicht aus. Kirche muss weiter gedacht werden, damit sie im 21. Jahrhundert bestehen kann – davon ist dieser Papst überzeugt. Dieses »weiter denken« hat dabei ganz unterschiedliche Dimensionen. Es geht um ein inhaltliches »Weiterdenken« mit Blick auf Fragen von Theologie und Seelsorge. Es geht um ein räumliches »Weiterdenken« im Verhältnis der Kirche zu den anderen Konfessionen und Religionen, zu Politik und Wirtschaft. Ein Beispiel ist der Lebensschutz. Franziskus beschränkt diesen nicht auf Probleme der Bioethik, Abtreibung und die Fragen am Lebensende, sondern nimmt die Lebensbedingungen der Menschen mit in den Blick, die für ihn ebenso zum Schutz des Lebens gehören. Was nützt es, wenn die Kirche einem jungen Paar zum Nachwuchs rät, dieses aber kein rechtes Auskommen hat und am Ende von Kirche und Gesellschaft alleingelassen wird? Franziskus geht es aber auch um ein »Weiterdenken« in die Zukunft hinein. Stärker noch als seine Vorgänger setzt er sich für einen nachhaltigen Lebensstil ein und ruft so die

Verantwortung der heutigen Generation für ihre Kinder und Kindeskinder in Erinnerung.

Franziskus möchte den Menschen wieder in den Mittelpunkt allen kirchlichen und politischen Handelns stellen. »Der Mensch zuerst« lautet seine Devise. Das darf aber nicht missverstanden werden. »Der Mensch zuerst« ist immer zu verstehen in der Verbundenheit der Menschen untereinander, über die Generationen hinweg und in der Beziehung zu Gott. Daher kommt unter Franziskus mehr als bisher im kirchlichen Handeln das weltweite Gemeinwohl in den Blick, und dafür wirft das Oberhaupt von weltweit 1,2 Milliarden Katholiken seine ganze Autorität in die politische Waagschale.

Will man die Ideen dieses Papstes umsetzen, bedeutet das ein radikales Umdenken in Kirche und Politik. Franziskus polarisiert und provoziert in Wort und Tat. Er geht dabei mit den eigenen Reihen genauso hart ins Gericht wie mit der Welt der Wirtschaft und Politik. Damit ruft er Kritiker auf den Plan. Franziskus lässt sich durch Gegenwind nicht beirren. Er geht weiter seinen Weg. Wie sieht der aus? Was ist sein Vorschlag für eine gerechte und friedliche Zukunft der Menschheit?

Die folgenden Seiten sind der Versuch, das aus den Akzenten der ersten fünf Jahre des Pontifikats herauszukristallisieren. Es ist zugleich eine Zeitansage für die katholische Kirche insgesamt. Denn die steht im dritten Jahrtausend vor enormen Herausforderungen. Sie entwickelt sich immer mehr von einer eurozentrischen Kirche hin zu einer echten Weltkirche. Im ersten Jahrtausend des Christentums waren die christlichen Kirchen gemeinsam unterwegs. Das zweite Jahrtausend war geprägt von Spaltungen bis hin zu blutigen Konfessionskriegen. Wird das dritte Jahrtausend das einer neuen Einheit, die durch eine stärker polyzentrisch organisierte katholische Kirche möglich wird? Auf jeden Fall ist in der katholischen Kirche ein Transformationsprozess in Gang, der viele Verwerfungen und heftige Diskussionen mit sich bringt. Papst Franziskus ist aber überzeugt, nur wenn man Kirche und Politik »weiter denkt«, haben die Kirche und die Menschheit eine Zukunft. Das versucht er als Papst und Politiker mit seinen Worten und Taten umzusetzen.

Seine große Beliebtheit und auch moralische Autorität zieht er dabei aus seiner Authentizität, die viele Menschen weit über seine eigene Kirche hinaus beeindruckt. In den ersten Monaten nach seiner Wahl sprach Franziskus davon, dass sein Pontifikat wohl eher kürzer werde. Jetzt ist er bereits fünf Jahre im Amt und viele Beobachter sind davon überzeugt, dass es noch einige Zeit brauchen werde, um die von ihm angestoßenen Reformen unumkehrbar zu machen. Daher lohnt es sich, nach fünf Jahren im Amt einmal genauer hinzuschauen, was der erste Papst aus Lateinamerika denkt, wohin die Reise weitergehen soll und welche Aufgaben nach fünf Jahren noch ungelöst sind.

»Weiter denken« ist nicht nur der Ansatz von Papst Franziskus, sondern war auch das Motto im Entstehungsprozess dieses Buches. Ein Werk über »Franziskus als Papst und Politiker« ist nicht denkbar, ohne auch über die Kirche zu schreiben. Bei den Begegnungen rund um den Vatikan, bei denen ich den Titel in den vergangenen Monaten angesprochen habe, stieß ich auf heftigen Widerstand. Franziskus wolle nicht Politiker sein, lautete die heftige Kritik. Ich bin dennoch überzeugt: Franziskus ist als Papst Politiker. Er kann sein Amt, so wie er es versteht, nicht ohne diese politische Dimension ausüben. Daher haben wir auch die Themen in diesem Buch »weiter gedacht« und es steht nun auf zwei Beinen – dem Papst und dem Politiker.

Für das Mitgehen des Weges danke ich dem Lektor Burkhard Menke und seinen Kolleginnen und Kollegen vom Patmos Verlag. Ich danke Michaela Pilters, der Leiterin der ZDF-Redaktion Kirche und Leben katholisch, und dem ZDF, das es mir ermöglicht, in meiner Freizeit immer wieder neue Buchprojekte zu realisieren. Und ein besonderer Dank gilt der Familie, die mich in der sowieso schon knappen Freizeit über Monate nur am Schreibtisch sitzen sieht. Doch am Ende hat es sich auch dieses Mal wieder gelohnt. Von außen betrachtet kann man feststellen, dass Franziskus der katholischen Kirche einen »Aufbruch und Neuanfang« beschert, in dem er sich als »radikaler Papst« erweist und Kirche sowie Welt zum Weiterdenken und zum »weiter denken« anregt.

Am Dreikönigstag 2018 Jürgen Erbacher

Kirche in der Welt, aber nicht von der Welt
oder: Das neue Selbstbewusstsein des Gottesvolkes

Entscheidend für das Verständnis von Franziskus als Papst und Politiker ist sein Bild von der Kirche. Das prägt die Reformen und Veränderungen, die er innerhalb der katholischen Kirche durchsetzen will, aber auch das Verhältnis der Kirche zur Welt und die politische Dimension des kirchlichen Handelns. Ein Schlüsseltext ist dabei die kurze Rede von Kardinal Jorge Mario Bergoglio bei den täglichen Versammlungen der Kardinäle in der Phase des Vorkonklaves im März 2013. Obwohl er sich über den zunehmenden Zentralismus in der Kirche ärgert, stimmt er nicht in das Wehklagen über die römischen Zustände ein, sondern richtet den Blick auf das Wesentliche kirchlichen Handelns. Damit trifft er für eine große Zahl von Kardinälen genau den richtigen Ton. Nach Jahren der Skandale um verschwundene Dokumente vom Schreibtisch des Papstes, schlechter Koordination innerhalb der Kurie etwa rund um die Aufhebung der Exkommunikation der vier Bischöfe der Piusbruderschaft inklusive des Holocaustleugners Richard Williamson, nach immer neuen Skandalen im Bereich der Finanzaktivitäten des Vatikans und der stockenden Aufarbeitung des Missbrauchsskandals kam es den Kardinälen gerade recht, dass hier ein Mann wieder andere Akzente setzen will.

Bergoglio betont in seiner Ansprache, dass die Evangelisierung der »Daseinsgrund der Kirche« sei. Dann entfaltet er vier Punkte, die aus seiner Sicht für die Zukunft der katholischen Kirche entscheidend sind. »Sie ist aufgerufen, aus sich selbst herauszugehen und an die Ränder zu gehen. Nicht nur an die geografischen Ränder, sondern an die Grenzen der menschlichen Existenz.« Zweitens merkt er an, wenn die Kirche nicht aus sich herausgehe, kreise sie um sich selbst. Das führe zu einem »Geist des theologischen Narzissmus«. Aus Sicht Bergoglios gibt es drittens zwei »Kirchenbilder: die verkündende Kirche, die aus sich selbst hinausgeht, die das ›Wort Gottes ehrfürchtig vernimmt und getreu verkündet‹; und die mundane Kirche, die in sich, von sich und für sich lebt.« Schließlich stellt er fest, der neue Papst »soll ein Mann sein, der – ausgehend von der Betrachtung und Anbetung Jesu Christi – der Kirche hilft, aus sich selbst herauszugehen und sich an die Ränder der menschlichen Existenz vorzuwagen«.

Bergoglio geht es also in erster Linie um eine inhaltliche Neuausrichtung der katholischen Kirche. Die strukturellen Veränderungen sind zweitrangig. Die Kurienreform etwa kommt nur langsam voran. Hingegen wird er nicht müde, für eine Haltungsänderung zu werben. Franziskus ist überzeugt, dass eine wirkliche Reform nur gelingt, wenn sich die handelnden Personen verändern. Eine reine Strukturreform allein nützt nichts. »Die geistliche Reform macht mir im Augenblick mehr Sorgen, die Reform des Herzens«, erklärt das Kirchenoberhaupt in einem Interview Anfang Dezember 2014. Wenige Wochen später wird er seine berühmte Weihnachtsansprache an die Kurie halten, in der er in Form eines Beichtspiegels von 15 Krankheiten spricht, an denen die römische Zentralverwaltung aus seiner Sicht leidet. Allerdings übersehen viele, dass Franziskus einen kleinen Zusatz macht, nachdem er die 15 Krankheiten ausgeführt hat: »Diese Krankheiten und diese Versuchungen sind natürlich eine Gefahr für jeden Christen und für jede Kurie, Gemeinschaft, Kongregation, Pfarrei und kirchliche Bewegung, und sie können auf individueller wie auf gemeinschaftlicher Ebene auftreten.«

Es stimmt zwar, dass Franziskus sehr kritisch mit den eigenen Reihen, Kardinälen, Bischöfen und sonstigem Klerus, umgeht, doch er hat letztendlich für jeden Katholiken eine anspruchsvolle Botschaft. Das wird nicht zuletzt in den täglichen Predigten bei der Morgenmesse in Santa Marta deutlich. Schlagzeilen machen diese meist nur, wenn Franziskus Klerikalismus oder Karrierismus im

Klerus brandmarkt. Wenn er aber über das Verhalten aller Gläubigen spricht, das sich aus seiner Sicht genauso an Wort und Tat des Jesus von Nazaret orientieren muss wie das der Kleriker, geht das schnell unter. So reicht es aus seiner Sicht nicht aus, nur den Katechismus zu kennen, sondern der Glaube müsse auch gelebt werden. Und wer seinen Glauben nicht öffentlich zeigen will, begeht nach Franziskus eine Sünde. Ein anderes Mal mahnt Franziskus, die Katholiken dürften sich nicht dazu verführen lassen, die Beichte auf die leichte Schulter zu nehmen. Der Beichtstuhl sei kein »Waschsalon«, um einige Flecken auf dem Gewissen wegzuwaschen. Wer denke, »ich gehe hin, sage meine Sünden auf, der Priester spricht mich los, gibt mir drei Ave Maria zur Buße, und ich gehe in Frieden«, habe »überhaupt nichts verstanden«. Denn die Beichte sei keine Operation wie auf der Bank, sondern erfordere Scham und Reue über die begangenen Taten.

Wenn Franziskus wiederholt Geschwätz und üble Nachrede scharf kritisiert, richtet er sich damit nicht nur an die Kurie, sondern an alle Katholiken. Denn, so ist das Kirchenoberhaupt überzeugt: »Üble Nachrichten verbreiten ist Terrorismus, denn wer üble Nachrichten verbreitet, ist wie ein Terrorist, der eine Bombe wirft und wegläuft und zerstört. Er zerstört mit Worten und schafft nicht Frieden.« Wenn Franziskus vor Christen warnt, die »geistliche Mumien« seien, hat er damit alle Glaubenden im Blick. Bei diesem Bild kommt für Bergoglio ein weiteres wichtiges Moment hinzu: Christ sein heißt auf dem Weg sein. Und da Christus von sich selbst gesagt habe: »Ich bin der Weg« (vgl. Joh 14,6) gelte: »Der Weg, um im christlichen Leben gut voranzugehen, ist Jesus.« Nun gebe es aber Christen, so Franziskus im Mai 2016 bei der Morgenmesse, die stillstünden. »Sie tun nichts Schlechtes, aber sie tun auch nichts Gutes«, ist er überzeugt, und fügt hinzu: Diese Lebensweise »wird keine Frucht bringen: Er ist kein fruchtbarer Christ, weil er nicht vorwärtsgeht.«

Kirche ist für Franziskus eine »Kirche unterwegs, auf dem Weg«. In seiner programmatischen Schrift *Evangelii gaudium* ist das erste Stichwort beim Thema »missionarische Umgestaltung der Kirche« die »Kirche im Aufbruch«. Er zeigt, dass im Wort Gottes »ständig diese Dynamik des ›Aufbruchs‹, die Gott in den Gläubigen auslösen will«, erscheint. Als Beispiele nennt er Abraham, Mose und Jesus. Dessen Missionsauftrag gelte bis heute für die Kirche als Institution, aber auch für jeden einzelnen Christen. »Jeder Christ und jede Gemeinschaft soll unterscheiden, welches der Weg ist, den der Herr verlangt, doch alle sind wir aufgefordert, diesen Ruf anzunehmen: hinauszugehen aus der eigenen Bequemlichkeit und den Mut zu haben, alle Randgebiete zu erreichen, die das Licht des Evangeliums brauchen« (EG 20). Damit macht Franziskus deutlich, dass er sich eine Kirche in der Welt wünscht. Ein Rückzug hinter die vermeintlich sicheren Mauern der Sakristei ist mit ihm nicht zu machen. Wer die Türen verschließt, wird auf Dauer im eigenen Mief ersticken, erklärt er immer wieder. Der Papst will eine offene Kirche, die kreativ nach neuen pastoralen Wegen sucht, um allen Menschen das Evangelium zu verkünden. Niemand darf ausgeschlossen werden. Ihm ist eine »verbeulte Kirche« lieber, die auch einmal Fehler macht, als eine sterile Kirche der 150-Prozentigen.

Wenn Franziskus jeden einzelnen Glaubenden in die Pflicht nimmt, steht er auf einem soliden Fundament kirchlicher Tradition – doch die Frage ist, ob dieser neue Schwung, den das II. Vatikanische Konzil dem Volk Gottes verleihen wollte, in den gut 50 Jahren seit dessen Ende 1965 wirklich umgesetzt wurde. Sehen sich die Laien wirklich als aktiv Handelnde in der »missionarischen Kirche« des 21. Jahrhunderts und was noch viel wichtiger erscheint: Bekommen sie vom Klerus und den Kirchenoberen diese Rolle überhaupt zugestanden? In Lateinamerika entwickelten sich seit den 1950er-Jahren, verstärkt aber dann in der Folge des II. Vatikanischen Konzils, die Basisgemeinden. Diese Organisationsform wird sehr stark von den Laien getragen. Die »comunidades eclesiales de base« entstanden zum einen aus einer gewissen Not heraus, dass in vielen Teilen Lateinamerikas extremer Priestermangel herrschte und bis heute herrscht. Die Gläubigen waren daher gezwungen, sich stärker selbst zu organisieren. Zum anderen trug aber auch das gesteigerte Selbstbewusstsein der Laien zur Verbreitung der Basisgemeinden bei. In Afrika und Asien werden sie meist »kleine christliche Gemeinschaften« genannt. Wenn Franziskus seine Vision der Kirche im 21. Jahrhundert entwickelt, spielen darin Züge dieser basisgemeindlichen Ideen eine große Rolle.

Allerdings wurden in den vergangenen Jahrzehnten diese Ansätze von Rom aus eher kritisch gesehen, bringen sie doch eine gewisse Eigenständigkeit der Laien mit sich und damit einen Kontroll- oder Machtverlust für die Hierarchie. Denn die Basisgemeinschaften zeichnen sich durch einen hohen Grad an Selbstorganisation aus und leben vor allem von der Partizipation möglichst vieler ihrer Mitglieder. Ein anderes wichtiges Merkmal ist die starke Kontextualisierung. Sie sind stark in das Alltagsleben der Menschen verwoben und auch in deren Volksreligiosität. Entscheidende Inspirationsquelle für das geistliche Leben, aber auch für das konkrete Handeln ist die Heilige Schrift. Die Lektüre des Evangeliums und die daraus resultierende Deutung des Alltagslebens sind Wesenselemente der Basisgemeinschaften. Diese zentrale Rolle des Evangeliums ist ganz im Sinne von Franziskus, der genau das oft betont. Was die Gruppen aus römischer Perspektive in der Vergangenheit immer wieder suspekt erscheinen ließ, ist die Tatsache, dass sie aus dem Evangelium heraus auch eine Aktion für die Veränderung der konkreten gesellschaftlichen Verhältnisse ableiteten. Schnell wurden sie verdächtigt, eigene politische Interessen unter dem Deckmäntelchen des Evangeliums zu vertreten. Wenn sich dann noch Anklänge an marxistisches Gedankengut fanden, war dies für Rom der Beweis für eine politische Instrumentalisierung der christlichen Botschaft.

Franziskus greift nun zentrale Gedanken dieser besonderen kirchlichen Erfahrung in den Ländern Lateinamerikas, Afrikas und Asiens auf, weil er sie als entscheidend für die Zukunftsfähigkeit der Kirche ansieht. Dazu gehören die radikale Rückbesinnung auf die Botschaft des Evangeliums, die Deutung des eigenen Lebens und des Miteinanders der Menschen im Licht dieses Evangeliums und ein daraus resultierendes konkretes Handeln, durch das die Kirche in die Gesellschaft hinein verändernd wirkt. Dabei ist für Franziskus entscheidend, dass die Kirche zwar in der Welt lebt und wirkt, aber nicht nach den Maßstäben dieser Welt agiert. Sonst verkommt sie aus seiner Sicht zu einer austauschbaren Nichtregierungsorganisation. Dann verliere sie das Salz, so Franziskus bei einer Begegnung mit kirchlichen Bewegungen im Mai 2013. Er warnt vor einer Leistungsorientierung beim kirchlichen Handeln. »Der Wert der Kirche ist grundsätzlich, das Evangelium zu leben und Zeugnis für unseren Glauben zu geben. Die Kirche ist Salz der Erde, ist Licht der Welt, sie ist berufen, in der Gesellschaft den Sauerteig des Gottesreiches zu vergegenwärtigen, und das tut sie vor allem mit ihrem Zeugnis, dem Zeugnis der Bruderliebe, der Solidarität, des Teilens.« So fordert Franziskus die Katholiken immer wieder auf, sich von weltlichen Denkmustern und Bewertungskategorien freizumachen. Es geht in einem gewissen Sinne um eine Entweltlichung kirchlichen Denkens und Handelns. Dieses muss sich nach anderen Kriterien vollziehen als in der säkularen Welt, als in Politik, Wirtschaft und anderen gesellschaftlichen Bereichen.

Hier gibt es interessante Parallelen zur Forderung nach Entweltlichung, wie sie von Papst Benedikt XVI. bei seiner Freiburger Rede im September 2011 gefordert wurde. Benedikt XVI. hatte damals kritisiert, dass es in der Kirche die Tendenz gibt, »dass die Kirche zufrieden wird mit sich selbst, sich in dieser Welt einrichtet, selbstgenügsam ist und sich den Maßstäben der Welt angleicht. Sie gibt nicht selten Organisation und Institutionalisierung größeres Gewicht als ihrer Berufung zu der Offenheit auf Gott hin, zur Öffnung der Welt auf den anderen hin.« Er fordert, dass sich die Kirche aus dieser Verweltlichung lösen und wieder offen auf Gott hin werden müsse. Wenn Franziskus von Mundanität spricht, dann geht das in eine ähnliche Richtung. Dieses Wort darf nicht einfach gleichgesetzt werden mit »mondän«. Das wäre zu kurz gegriffen. Franziskus gebraucht den Begriff bisweilen synonym für »Weltlichkeit«. Das setzt also viel früher als der Begriff »mondän« ein. Auf dieser Ebene kommt er dem Begriff der »Entweltlichung« von Benedikt XVI. nahe. Franziskus hat den Begriff von Henri de Lubac (1896–1991) übernommen. Dieser versteht darunter ein »In-sich-selbst-verschränkt-Sein«, ein »Sich-in-sich-selbst-Verschließen, den-anderen-nicht-mehr Wahrnehmen«. Ein »mundaner Mensch« lebt in sich, von sich und für sich – und in der Folge eine »mundane Kirche« dementsprechend auch. Es geht Franziskus hier also in erster Linie um eine Haltung, die dann die Frage nach Materiellem nach sich zieht.

Ein Populist als Papst?
oder: Der Ritterschlag für die Volksfrömmigkeit

»Franziskus ist ein Populist!« Diese Aussage kann man immer wieder von Kritikern des Papstes hören. Doch wenn selbst seine Freunde – wie der argentinische Theologe und Jesuit Juan Carlos Scannone – dem zustimmen, lohnt es sich, einmal genauer hinzuschauen, was es mit dem »Populismus-Vorwurf« auf sich hat.

Ende November 2015 veröffentlicht eine deutsche Wochenzeitschrift den Brief eines »ehemaligen Kurienmitglieds«, das dem Kirchenoberhaupt vorwirft, einen »Populismus der Veränderung« zu betreiben. »Heute ist jeder Aufruf zu Veränderung populär«, heißt es in dem Schreiben, und der Autor richtet an den Papst die Frage: »Glauben Sie wirklich, dass der Beifall, den Sie von Meinungsmachern in Politik und Medien bekommen, ein gutes Zeichen ist? Mediale Beliebtheit und Starkult hat Christus dem Petrus nicht vorausgesagt.« Es ist zudem von einer »übertriebenen Zurschaustellung der Einfachheit des persönlichen Lebensstils« die Rede, denn, so die Begründung der Kritik: »In asketischen Dingen sollte die linke Hand nicht wissen, was die rechte tut (Mt 6,3), sonst wirkt das Ganze irgendwie aufgesetzt.« Geht es Franziskus also nur um Show, um Beliebtheit bei den Massen auf Kosten von Tradition und Lehre, auf Kosten des kirchlichen Establishments und der redlichen »Arbeiter im Weinberg des Herrn«, der Priester, Bischöfe und Kardinäle in der Römischen Kurie und rund um den Globus in der katholischen Weltkirche?

Papst Franziskus versucht die Kirche vom Kopf auf die Füße zu stellen und betont immer wieder die zentrale Bedeutung des Volkes, in diesem Fall des Volkes Gottes. Ihm kommt eine entscheidende Rolle im Selbstvollzug und Handeln der Kirche zu. Der Klerus, vom Priester bis zum Papst, soll dabei eine dienende Funktion haben. Franziskus kritisiert das Establishment scharf, zum einen das kirchliche etwa die Römische Kurie, weil sie zu viel Macht an sich gezogen habe, und weil sie, wie viele Hierarchen in der Kirche aus Sicht des Papstes, nicht mehr den Menschen im Blick habe, sondern den Selbsterhalt. Zum anderen kritisiert er das gesellschaftliche Establishment, das sich taub stellt angesichts der »Schreie der Ungerechtigkeit« der Armen, Ausgegrenzten und Missbrauchten. Bei seiner ersten Reise des Pontifikats, die ihn nach Lampedusa führte, sagte er: »Die Kultur des Wohlergehens, die uns an uns selber denken lässt, macht uns unsensibel für die Schreie der anderen, sie lässt uns in Seifenblasen leben, die zwar schön sind, aber nichtig, die eine Illusion des Unbedeutenden sind, des Provisorischen, die zur Gleichgültigkeit dem Nächsten gegenüber führt und darüber hinaus zu einer weltweiten Gleichgültigkeit! Von dieser globalisierten Welt sind wir in die globalisierte Gleichgültigkeit gefallen! Wir haben uns an das Leiden des Nächsten gewöhnt, es geht uns nichts an, es interessiert uns nicht, es ist nicht unsere Angelegenheit!«

Vielleicht hat Franziskus etwas von einem »Volksaufwiegler«. Wenn er den argentinischen Jugendlichen am Rande des Weltjugendtags 2013 wenige Monate nach seiner Wahl zum Papst sagt, sie sollen »in den Diözesen Wirbel« machen und »Verwirrung stiften«. Wenn er wieder und wieder dazu aufruft, das Alte auf den Prüfstand zu stellen und neue Wege zu gehen. Zwar mahnt er immer wieder den Klerus an, voranzugehen. Doch eigentlich müssen sich diese Veränderungsprozesse »von unten her« vollziehen. Er denkt die Kirche nicht von der Hierarchie her, sondern vom Volk her. »Man muss ganz unten anfangen«, lautet seine Devise.

Warum aber dieses starke Betonen des Volkes? Zum einen stellt sich Franziskus ganz in die Tradition des II. Vatikanischen Konzils. Dort ist in der großen Kirchenkonstitution *Lumen gentium* vom »heiligen Volk Gottes« die Rede. Ein Bild, das Franziskus gefällt. Für ihn hat die Zugehörigkeit zum Volk einen identitätstiftenden

Charakter. »Es gibt keine volle Identität ohne die Zugehörigkeit zu einem Volk«, ist er überzeugt. »Das Volk ist das Subjekt. Und die Kirche ist das Volk Gottes auf dem Weg der Geschichte – mit seinen Freuden und Leiden.«

Zwei Momente verbinden sich mit diesem konziliaren Begriff des »Volkes Gottes«, die für das Verständnis von Kirche bei Franziskus ganz entscheidend sind. Zum einen wird in der griechischen Übersetzung des Begriffs (»laos tou theou«) deutlich, dass der Begriff des Volkes aufs Engste mit dem des »Laien« verbunden ist. Es geht hier also um alle Mitglieder des Volkes Gottes, die Subjekt der Kirche sind. Die aktiv Handelnden sind nicht nur die Kleriker. Diese Idee stellt durchaus eine Art Paradigmenwechsel in der katholischen Kirche dar. Sie wird nicht mehr von der Hierarchie her gedacht, sondern vom Volk her. Das ist neu und erfordert einen enormen Umdenkungsprozess, dessen Konsequenzen sicherlich noch gar nicht voll abzusehen sind. Das zweite Moment ist die Bewegung, die das II. Vatikanische Konzil als konstitutiv für die Kirche benennt, die »auf dem Weg der Geschichte« ist. Eine statische Kirche ist für Franziskus ein Graus. »Die Jüngerschaft ist nicht etwas Statisches, sondern ein ständiger Weg auf Christus zu«, erklärte er bei seinem Besuch in Medellín im September 2017.

Aufgrund seiner langjährigen Erfahrung als Beichtvater, Seelsorger und Bischof hat Bergoglio ganz konkret die Erfahrung gemacht, dass das Entscheidende des kirchlichen Lebens in den Gemeinden vor Ort stattfindet. In einem Gespräch mit dem Rabbiner Abraham Skorka, das 2010 erstmals als Buch erschienen ist, stellt der damalige Erzbischof von Buenos Aires fest: »Der Ursprung des Christentums lag in den Gemeinden.« Für Franziskus ist daher der Blick auf die Basis, auf das Volk zentral. Es ist nicht verwunderlich, dass für ihn folglich die Volksfrömmigkeit einen sehr hohen Stellenwert besitzt. »Wir dürfen die Spiritualität des einfachen Volkes nicht geringschätzen oder sie als belanglos für das christliche

Leben ansehen; denn damit würden wir das Wirken des Heiligen Geistes und die zuvorkommende Initiative göttlicher Liebe missachten«, heißt es im Schlussdokument der 5. Generalversammlung des Episkopats von Lateinamerika und der Karibik in Aparecida, für dessen Redaktion Bergoglio hauptverantwortlich zeichnete. Es gehört zusammen mit den drei großen Dokumenten aus seiner Zeit als Papst, *Evangelii gaudium, Laudato si und Amoris laetitia,* zu den Grundlagentexten des Pontifikats. Nach Aparecida dürfe die Volksfrömmigkeit nicht mehr »wie das Aschenputtel« behandelt werden, so der damalige Erzbischof Bergoglio. »Die Kirche hat sich zur vorrangigen Option für die Armen entschieden und das muss uns dazu führen, ihre kulturellen Arten, das Evangelium zu leben, kennenzulernen und zu schätzen.«

Wer die Volksfrömmigkeit als Ort gelebten Glaubens und damit auch als Fundament theologischer Reflexion nicht ernst nimmt, wird zwangsläufig zu dem Schluss kommen, dass ein Papst, dem ebendiese Volksfrömmigkeit wichtig ist, ein »Schmalspurtheologe« sein muss. Liegt darin einer der Fehlschlüsse in der Beurteilung von Papst Franziskus durch viele Theologen aus Europa und Nordamerika, für die nur Thomas von Aquin, das Konzil von Trient und dergleichen europäische Theologien gelten? Abgesehen davon darf man nicht außer Acht lassen, dass Papst Franziskus Jesuit ist, also Mitglied eines Ordens, der für eine solide und umfassende philosophische und theologische Ausbildung bekannt ist. Bei der Jesuitenausbildung in Lateinamerika gehören auch die klassischen europäischen Theologen zum Grundgerüst des Studiums. Doch sie bleibt nicht dabei stehen, sondern versucht, diese »weiter zu denken« in den lateinamerikanischen Kontext hinein. Bergoglio ist der erste Papst, der das II. Vatikanische Konzil nicht als Teilnehmer erlebt hat, der aber genau in der Phase seine theologische Prägung erfuhr, als die Umsetzung der dort beschlossenen Reformen begann. Philosophie studierte er noch vor dem Konzil in Buenos

Aires, aber Theologie erst 1967 bis 1970 am Colegio Máximo der Jesuiten in San Miguel vor den Toren der argentinischen Hauptstadt, dessen Rektor er dann in den 1980er-Jahren gewesen ist.

Während die Volksfrömmigkeit in Mitteleuropa eher belächelt wird, ist sie für die Kirche in Lateinamerika eine ganz entscheidende Größe. Sie ist die Ausdrucksform des christlichen Glaubens, die von der die Kirche tragenden Bevölkerungsschicht gepflegt wird: dem einfachen Volk. Die katholische Kirche in Europa und in Nordamerika hingegen ist zu einem großen Teil von der Mittelschicht und dem Bürgertum geprägt. Man hält sich in diesen Breiten für aufgeklärt und ist versucht, die Volksfrömmigkeit in den Bereich der Traditions- und Brauchtumspflege abzudrängen. In Lateinamerika ist das ganz anders. Hier ist die Volksfrömmigkeit das Lebenselixier der Kirche. Verbunden mit den Ideen des II. Vatikanischen Konzils von der Bedeutung des Volkes Gottes hat Bergoglio in seiner Heimat eine hohe Achtung vor dem Glauben des »einfachen Volkes« entwickelt. In *Evangelii gaudium* schreibt er daher: »Sie [die Volksspiritualität] ist nicht etwa ohne Inhalte, sondern sie entdeckt und drückt diese mehr auf symbolischem Wege als durch den Gebrauch des funktionellen Verstandes aus, und im Glaubensakt betont sie mehr das credere in Deum als das credere Deum.«

In der Literatur findet sich immer wieder die Vorstellung, für Franziskus gehe die Orthopraxie über die Orthodoxie. Vereinfacht könnte man vielleicht sagen, der recht gelebte Glaube sei für ihn wichtiger als eine Rechtgläubigkeit, also das Bekenntnis zu einer Wahrheit, die in Sätzen ausformuliert und tradiert wird. Es stimmt, entscheidend ist für Franziskus das richtige Handeln. Er wird nicht müde zu betonen, dass die Menschen am Ende ihres Lebens von Gott nicht danach gerichtet werden, ob sie den Katechismus in allen Einzelheiten aufsagen können, sondern ob sie ganz praktisch dem Auftrag Jesu gefolgt sind und sich um die Dürstenden, Hungernden und Gefangenen gekümmert haben. Neben dem Gleichnis vom barmherzigen Samariter im 10. Kapitel des Lukasevangeliums gehört die Gerichtsrede im 25. Kapitel des Matthäusevangeliums für Franziskus zu den zentralen Punkten der Verkündigung Jesu. Es gibt keine Bibelstellen, die Bergoglio öfter zitiert als diese beiden.

Allerdings muss man gerade mit Blick auf Jorge Mario Bergoglio aufpassen, dass man nicht Orthopraxie und Orthodoxie gegeneinander ausspielt und starke Gegensätze aufbaut. Das verfängt nämlich in seinem Fall nicht. Denn das Denken und Handeln von Bergoglio hat ein festes theologisches Fundament: die »Theologie des Volkes«. Das ist eine ganz besondere Form der Befreiungstheologie, die gerade in Argentinien entfaltet wurde. Während in Europa vor allem die Befreiungstheologie eines Leonardo Boff und Gustavo Gutiérrez bekannt ist, wird die »Theologie des Volkes« außerhalb Lateinamerikas erst durch die Wahl Bergoglios zum Papst wahrgenommen.

Zentral für alle Formen der Befreiungstheologie ist die vorrangige »Option für die Armen«. Das Schicksal der Armen soll im Mittelpunkt kirchlichen Handelns stehen, und dieses soll dabei helfen, die Situation der Menschen zu verbessern. Dabei setzt die »Theologie des Volkes« stark auf eine Kulturanalyse und Kulturphilosophie und versucht die »Option für die Armen« aus einer ganz eigenen Perspektive heraus umzusetzen. Demnach muss die Theologie sehr stark auf das Volk hören und im Gespräch mit den Menschen sein. Es ist jener »sensus fidei« des Volkes, von dem Franziskus immer wieder spricht, den es zu ergründen und zu achten gilt. Das kommt in dem Bild zum Ausdruck, nach dem der Bischof »bei einigen Gelegenheiten hinter dem Volk hergehen wird, um denen zu helfen, die zurückgeblieben sind, und – vor allem – weil die Herde selbst ihren Spürsinn besitzt, um neue Wege zu finden« (EG 31).

Die Volksfrömmigkeit wird als Ort anerkannt, an dem wirklicher Glaube bewahrt wird und aus der die Theologie lernen kann und muss. Deshalb spielt die »pastoral popular«, die Volkspastoral, auch eine wichtige Rolle in der Kirche Argentiniens. Es geht darum, von den Armen zu lernen, ihre Spiritualität und ihre Bedürfnisse im Licht des Evangeliums zu deuten. Diese Form der Befreiungstheologie hat eine politische Komponente. Die Menschen kämpfen um Befreiung aus ihrer Situation aus religiöser Motivation heraus, nicht nur aus sozialen oder politischen Gründen. Es geht dabei nicht um Parteipolitik, sondern um einen parteiübergreifenden Einsatz für das Gemeinwohl, das allen Menschen gleichermaßen dient.

Hier unterscheidet sich übrigens der Populist Franziskus von den vielen anderen Populisten der Gegenwart. Bei ihm geht es nicht um ein bestimmtes Volk, für das ein »first« gilt. Sondern bei Franziskus geht es um jeden Menschen, gleich welcher Hautfarbe, Rasse und Religion. Es gilt noch nicht einmal »Christen first« oder gar »Katholiken first«. Hier macht der Papst, wie übrigens auch seine Vorgänger, keine Unterschiede nach Religionszugehörigkeit. »Zuerst das Volk« im Sinne des »zuerst der Mensch«, lautet seine Devise. Sein Einsatz gilt den Rohingya in Myanmar genauso wie den Jesiden im Irak und den Christen im Nahen Osten oder wo sie sonst verfolgt werden. Gerade diese Haltung verleiht ihm eine Autorität, die über die eigene Konfession und Religion hinausreicht.

Die stärkere Betonung des Volksgedankens und der Volksfrömmigkeit in Argentinien geht einher mit dem Versuch, Kategorien für die Deutung der Geschichte und der Situation Argentiniens sowie Lateinamerikas zu erarbeiten, die weder vom Liberalismus noch vom Marxismus geprägt sind, sondern von der Geschichte des Kontinents, besonders von der Zeit nach der Befreiung vom spanischen Kolonialismus im 19. Jahrhundert. Dieser fokussierte Blick auf die eigene Geschichte und Kultur Lateinamerikas ist stark motiviert von der Idee, sich von einem europäischen Denken zu befreien und vor allem von den Strukturen, die von vielen noch sehr stark mit der Kolonialzeit in Verbindung gebracht werden, einer Zeit, in der die Oberschicht als Unterdrücker und Ausbeuter erlebt wurde, die nach ganz eigenen Moralvorstellungen handelte, die mit den christlichen Idealen nicht wirklich vereinbaren waren und dennoch vom Klerus gebilligt wurden, weil der oft mit den skrupellosen Kolonialherren kollaborierte. Unter dem Deckmantel der Missionierung wurden viele Gräueltaten verübt. Es kam zu einer unheiligen Allianz zwischen Monarchie und Kirche. Dabei gab es im kirchlichen Bereich durchaus Ausnahmen. Dazu zählen die Franziskaner in Mittelamerika und die Jesuiten im Süden des Kontinents etwa mit ihren »Reduktionen«. Durch die Christianisierung der Einheimischen entwickelten diese zunehmend ein Selbstbewusstsein und konnten sich so den Ausbeutern entgegenstellen. Es entstanden dabei Mischgesellschaften aus Indigenen, Mestizen und Kreolen.

Jorge Mario Bergoglio ist Teil der Emanzipationsbewegung Lateinamerikas gegenüber dem alten Europa. Höfisches Gehabe und monarchische Symbolik sind in den Augen vieler Lateinamerikaner mit der herrschenden Klasse der Europäer, mit Ausbeutung und Unterdrückung verbunden. Diese psychologische Folie ist mitzudenken, wenn Franziskus als Papst versucht, alles Monarchische im Amt abzulegen. Der purpurne Schulterumhang, Mozetta genannt, der gleich beim ersten Auftritt fehlte, die roten Schuhe, die besonders ausgeschmückten, womöglich noch vergoldeten Throne lehnt er strikt ab. Zum einen, weil ihm persönlich diese prunkvollen Dinge widerstreben, zum anderen aber, weil er sehr sensibel dafür ist, wie diese Symbole, die trotz sorgfältiger theologischer und christlicher Umdeutung letztlich doch ihren säkularen monarchischen und kaiserlichen Ursprung nie ganz verloren haben, auf die Menschen im kolonialisierten Lateinamerika wirken, und sicherlich nicht nur dort. Diese psychologische Komponente dürfte auch in anderen Regionen, die in der Vergangenheit unter

Kolonialisierung zu leiden hatten, eine wichtige Rolle spielen. Das ist umso wichtiger, als mittlerweile die meisten Katholiken in ebendiesen Ländern leben. Will die katholische Kirche dort bestehen, muss sie auf die Befindlichkeiten der Menschen stärker Rücksicht nehmen. Es geht im 21. Jahrhundert darum, das »Evangelium von Lasten aus der Kolonialzeit zu befreien«. Das dürfte glaubwürdig wohl nur ein Papst vollziehen können, der nicht von dem Kontinent kommt, der für die Kolonialherren steht: Europa.

Eine arme Kirche für die Armen
oder: Eine neue Perspektive auf das Himmelreich

»Ach, wie möchte ich eine arme Kirche für die Armen!« Es hörte sich für die Anwesenden an wie ein Seufzer, der aus tiefstem Herzen des neuen Papstes kam. Drei Tage nach der Wahl traf sich Franziskus mit Journalisten. Er berichtete, warum er sich nach Franz von Assisi benannt hat. Der Satz steht seitdem wie eine Überschrift über dem Pontifikat des ersten Papstes aus Lateinamerika. Manchem Kirchenvertreter fuhr gar ein Schrecken durch die Glieder, als er die Aussage vernahm. Sorgte er sich doch darum, dass mit einem Franz von Assisi auf dem Stuhl Petri, der auch gleich noch mit einem solchen Armutsbekenntnis sein Pontifikat beginnt, die Diskussionen um die vermeintlich reiche Kirche an Heftigkeit zunehmen werden und der Lebensstil vieler Kleriker damit in Frage gestellt würde. Zumal sich schon in den ersten Tagen abzeichnete, dass diesem Papst jegliches Statusdenken fern ist und er durch seinen persönlichen Lebensstil provoziert.

Schnell wurde allerdings deutlich, dass es bei der »armen Kirche für die Armen« nicht in erster Linie um eine materielle Frage geht, auch wenn Geld, Vermögen, Reichtum und der Umgang damit eine Rolle spielen. Vielmehr zielt die Formulierung einmal mehr in Richtung der Haltung. Es fällt sofort die Ähnlichkeit zu einer der Seligpreisungen auf. Da heißt es in der Variante des Matthäusevangeliums: »Selig die Armen im Geiste, denn ihnen gehört das Himmelreich« (Mt 5,3). In der Einheitsübersetzung wird übersetzt: »Selig, die arm sind vor Gott«. Hier wird die Sinnspitze der Formulierung etwas deutlicher. Es geht bei der »Armut im Geiste« um eine Haltung, und zwar um die der Demut. Es geht um das Bewusstsein, dass der Mensch aus sich heraus sich das Himmelreich nicht verdienen kann, sondern vollkommen auf die Gnade Gottes angewiesen ist. Das Gegenteil wäre dann eine Haltung der

Überheblichkeit, des Hochmuts, der Besserwisserei und der Überzeugung, dass man mit den eigenen Mitteln, etwa mit Plänen, menschlichen Konzepten und Strategien, seine Perspektive auf das Himmelreich verbessern kann. Dem erteilt Papst Franziskus eine radikale Absage. Wenn er von einer »armen Kirche für die Armen« spricht, dann ist das eine Kirche, die nicht von oben herab auf die Menschen schaut, sondern die auf Augenhöhe ist, die in einem Habitus der Demut bereit ist, den Menschen zuzuhören, von ihnen zu lernen und ihnen zu dienen, also zu helfen, ein Leben in Würde führen zu können.

Eine Kirche, die arm ist im Geiste, ist aus Sicht von Franziskus eine Kirche, die nicht in erster Linie auf Pastoralpläne, Statistiken und abstrakte Strategien setzt, sondern die offen ist für das »überraschende Handeln Gottes«. »Die Verschlossenheit, der Widerstand gegen den Heiligen Geist«, erklärt Franziskus bei einer Morgenmesse im Mai 2017, vollziehe sich auch durch »jenen Satz, der immer verschließt, der dich einhalten lässt: ›Das haben wir immer so gemacht.‹« Er ist überzeugt, diese Weise zu handeln »tötet: Das tötet die Freiheit, das tötet die Freude, es tötet die Treue zum Heiligen Geist, der immer nach vorwärts gerichtet wirkt und so die Kirche voranbringt.« Es geht darum, weiter zu denken als nur in den Kategorien des bisher Bekannten und Praktizierten. Deshalb wird das Kirchenoberhaupt nicht müde, gegen die »Krankheit der Planungswut und des Funktionalismus« anzukämpfen. Dabei gilt diese Botschaft nicht nur dem Klerus, sondern allen Katholiken, wie Franziskus im September 2017 beim Gottesdienst in Medellín feststellt: »Wie Jesus die Gesetzeslehrer ›aufrüttelte‹, damit sie aus ihrer Verhärtung herausfänden, so wird jetzt auch die Kirche vom Geist ›geschüttelt‹, damit sie ihre Bequemlichkeit und ihre Anhänglichkeiten loslasse. Die Erneuerung darf uns keine Angst machen. Die Kirche ist immer in Erneuerung – Ecclesia semper renovanda.« Damit ist unweigerlich klar: Eine Kirche, die »arm ist vor Gott«, ist eine Kirche, die offen ist für Neues und für Veränderungen.

Doch was kann die Kirche von den Armen lernen? Franziskus ist überzeugt, dass die Armen den Glauben in besonderer Weise bewahren, eine Offenheit für Gott, die sich in anderen Schichten so nicht findet. »Im Herzen der Kirche können wir durch euch Jesus begegnen, weil ihr von ihm zu uns sprecht – nicht so sehr mit Worten, sondern mit eurem ganzen Leben«, sagt Franziskus bei einer Begegnung mit Armen aus den französischen Bistümern im Juni 2016. Jesus habe den Armen und Ausgegrenzten Priorität eingeräumt und entsprechend müsse das auch die Kirche tun. Er erinnert bei der Begegnung an ein Wort des römischen Diakons Laurentius, der im 3. Jahrhundert sagte: »Der Schatz der Kirche sind die Armen.« Für Franziskus sind die Armen und die besondere Option für die Armen eine theologische Kategorie »und erst an zweiter Stelle eine kulturelle, soziologische oder philosophische Frage«. Bergoglio geht sogar so weit, zu sagen, dass die Armen aus seiner Sicht die »erste theologische Kategorie« sind. Er begründet das schlicht mit dem Hinweis auf Christus, der als Sohn Gottes sich erniedrigt habe, arm geworden sei, um mit den Menschen ihren Weg zu gehen. Mit Verweis auf einen Gedanken von Johannes Paul II. stellt Franziskus in *Evangelii gaudium* fest: »Gott gewährt ihnen [den Armen] ›seine erste Barmherzigkeit‹« (EG 198). Christus in den Armen begegnen – darum geht es Franziskus bei seiner Option für die Armen. Er möchte, dass die Kirche von den Armen lernt. Sie sind damit Subjekt und nicht Objekt bei der vielbeschworenen Option für die Armen. Es geht um eine Beziehung auf Augenhöhe.

Kritiker werfen dem Papst oft einen Missbrauch der Armen vor. Es gehe ihm nicht wirklich um diese Menschen, sondern letztendlich gehe es ihm egoistisch um sein eigenes Seelenheil. Sie verweisen dann auf die Bibelstelle, die für Franziskus neben der Erzählung vom barmherzigen Samariter (Lk 10,25–37) ganz zentral ist: das Weltgericht im 25. Kapitel des Matthäusevangeliums. Dort sagt Jesus unter anderem, dass diejenigen in das Reich Gottes eingehen werden, die sich um die Dürstenden, Hungernden und Gefangenen gekümmert haben. »Was ihr für einen meiner geringsten Brüder getan habt, das habt ihr mir getan.« Der Papst wolle sich den Himmel verdienen, lautet der Vorwurf. Das Argument greift nicht wirklich, denn Franziskus geht es nicht nur um eine vordergründige Hilfe für die Armen, sondern sein ganzes Engagement zielt darauf ab, deren Situation zu verbessern.

Auch wenn es bei einer armen Kirche für die Armen in erster Linie um eine Frage der Haltung geht, ist dieses Diktum natürlich ebenso eine Anfrage an die Kirche, wie sie mit ihrem Vermögen umgeht. Die Debatte ist oft sehr schnell von Polemik geprägt, so dass sie wenig zielführend wird. Doch es ist klar, dass der Ansatz des Papstes von einer »armen Kirche an der Seite der Armen« schnell unglaubwürdig wirkt, wenn das Leben der Kirche dem diametral entgegensteht. Wenn Demut und Augenhöhe eine wichtige Rolle spielen, dann lässt sich das nur schwer mit großen Palästen, protzigen Autos und einem üppigen Lebensstil verbinden. Das gilt ganz unabhängig davon, wie der Papst als Oberhaupt der katholischen Kirche seinen ganz persönlichen Lebensstil pflegt. Doch Franziskus weiß, dass Authentizität und Glaubwürdigkeit die entscheidende Währung für Großinstitutionen im 21. Jahrhundert sind. Die Zeiten haben sich massiv verändert. In Europa, wo die Kirchenzugehörigkeit lange Zeit durch entsprechende Milieus bestimmt wurde, erfahren die christlichen Großkirchen seit vielen Jahren einen schmerzlichen Aderlass. Auf dem einst »katholischen Kontinent« Südamerika gerät die katholische Kirche durch Pfingstkirchen und Evangelikale unter Druck. Die bedrohen auch das zaghafte Wachstum der jungen katholischen Kirchen in Afrika und Asien. Wer in diesen Zeiten Wasser predigt und Wein trinkt, steht auf verlorenem Posten. Zumal im Zeitalter von Internet, sozialen Medien und globaler Vernetzung Missstände viel schneller publik und von einem viel größeren Rezipientenkreis wahrgenommen werden. Wenn in früheren Zeiten ein Kleriker einen Fehler begangen oder in Saus und Braus gelebt hat, erregte das nur in der jeweiligen Gegend Aufsehen. Heute gehen die Bilder von goldenen Wasserhähnen und versenkbaren Flachbildschirmen in einem Bischofshaus in Windeseile um den ganzen Globus.

Papst Franziskus geht mit gutem Beispiel voran. Er verzichtet bei der Kleidung auf großen Pomp und viele Relikte, die an höfische Gepflogenheiten erinnern oder gar an die altrömische Kaiserzeit. Den purpurnen Schulterumhang mit Hermelinbesatz verbannt er in die Mottenkiste. Als Papst trägt er kein goldenes Brustkreuz, sondern weiter sein versilbertes Bischofskreuz. Bei Gottesdiensten nutzt er schlichte liturgische Kleidung. Unter dem weißen Talar trägt er sichtbar eine schwarze Hose und dazu seine schwarzen Straßenschuhe. Die großen Limousinen sind mittlerweile aus den Garagen des Vatikans weitestgehend verbannt. Wenn der »oberste Herr« demonstrativ in einem Kleinwagen unterwegs ist, können es sich die Kardinäle und die anderen Mitarbeiter des Vatikans nicht leisten, mit der Komfortklasse vorzufahren.

Die entscheidende Frage ist nun, wie dieser Stil von den anderen »Führungskräften« in der katholischen Kirche adaptiert werden kann. Seit rund 50 Jahren liegt dazu ein gutes Konzept vor, das bisher allerdings wenig Verbreitung gefunden hat. Im »Katakombenpakt« haben sich am 16. November 1965, wenige Tage vor Ende des II. Vatikanischen Konzils, 40 Konzilsväter auf einen Stil, ihr Leben und Amt zu führen, verpflichtet, der dem, was Papst Franziskus heute unter einer armen Kirche an der Seite der Armen versteht, sehr nahe kommt. Vom Autor dieses Buches darauf angesprochen, ob er sich dem Geist dieses Paktes verbunden fühle oder gar davon inspiriert sei, sagte Franziskus im Herbst 2015: Er habe zwar davon gehört und schätze den brasilianischen Bischof Dom Hélder Câmara (1909–1999), einen der Initiatoren des Pakts, sehr, allerdings sei er nicht direkt durch diesen beeinflusst worden. Wer die 13 Selbstverpflichtungen liest, muss allerdings unweigerlich an Papst Franziskus denken. Die 40 Konzilsväter, denen sich später noch mehrere hundert weitere anschlossen, wollen sich bemühen, »so zu leben, wie die Menschen um uns her üblicherweise leben«. Das betrifft Wohnung, Essen und Verkehrsmittel. »Wir verzichten ein für alle Mal darauf, als Reiche zu erscheinen wie auch wirklich reich zu sein, insbesondere in unserer Amtskleidung (teure Stoffe, auffallende Farben) und in unseren Amtsinsignien, die nicht aus kostbarem Metall – weder Gold noch Silber – gemacht sein dürfen, sondern wahrhaft und wirklich dem Evangelium entsprechen müssen.« Die Unterzeichner wollen weder Immobilien noch Mobiliar besitzen. Sie lehnen es zudem ab, mit Titeln angesprochen zu werden, »in denen gesellschaftliche Bedeutung oder Macht zum Ausdruck gebracht werden«. Stattdessen wollen sie »Padre« genannt werden, »eine Bezeichnung, die dem Evangelium entspricht«. Jorge Mario Bergoglio war bis zu seiner Wahl zum Papst schlicht »Padre Jorge«. Bis heute wird er von vielen Menschen, die ihn aus früheren Zeiten kennen, so angesprochen, ohne dass diese einen bösen Blick ernten; vielmehr werden die Worte mit einem Lächeln quittiert.

Die Katakombenpaktler wollten zudem jeden Eindruck vermeiden, dass sie Reiche und Mächtige privilegierten. Zugleich wollten sie sich besonders den »wirtschaftlich Bedrängten, Benachteiligten oder Unterentwickelten« zuwenden. Entsprechend wollten sie auf die Regierenden einwirken, damit diese »solche Gesetze, Strukturen und gesellschaftliche Institutionen schaffen und wirksam werden lassen, die für Gerechtigkeit, Gleichheit und gesamtgesellschaftliche harmonische Entwicklung jedes Menschen und aller Menschen notwendig sind«. So soll am Ende eine neue Gesellschaftsordnung entstehen, »die der Würde der Menschen- und Gotteskinder entspricht«.

Für die 40 Konzilsväter waren die Inhalte des Katakombenpakts eine logische Konsequenz aus den Diskussionen und Beschlüssen des II. Vatikanischen Konzils, angefangen vom Gedanken einer »Kirche der Armen«, wie ihn Papst Johannes XXIII. kurz vor Beginn des Konzils formuliert hatte. Er sagte in einer Radioansprache, dass die Kirche »die Kirche aller« sein wolle, aber »vornehmlich die Kirche der Armen«. In der Konzilskonstitution *Gaudium et spes* über die Kirche in der Welt von heute wird gleich an mehreren Stellen ausdrücklich auf die besondere Hinwendung der Kirche zu den Armen hingewiesen. Gleich im ersten Satz heißt es: »Freude und Hoffnung, Trauer und Angst der Menschen von heute, besonders der Armen und Bedrängten aller Art, sind auch Freude und Hoffnung, Trauer und Angst der Jünger Christi« (GS 1). Später heißt es, der Glaube müsse das »gesamte Leben der Gläubigen, auch das profane« durchdringen und »sie zu Gerechtigkeit und Liebe, vor allem gegenüber den Armen«, bewegen (LG 21).

Sieht man das Profil, das Papst Franziskus für Bischöfe und Kardinäle als ideal betrachtet, erkennt man viele Parallelen zum Katakombenpakt. Bei der Aufnahme neuer Kardinäle ins Kardinalskollegium etwa findet er immer mahnende Worte, wie beim Konsistorium Ende November 2016: »Er [Christus] hat euch nicht gerufen, ›Fürsten‹ in der Kirche zu werden, um ›zu seiner Rechten oder zu seiner Linken zu sitzen‹. Er ruft euch, so wie er und mit ihm zu dienen; dem Vater und den Brüdern zu dienen.« Bei seinem ersten Konsistorium zur Kreierung neuer Kardinäle im Februar 2014 betonte er: »Der Kardinal – das sage ich speziell zu euch – tritt in die Kirche Roms ein, Brüder, nicht in einen Hofstaat. Vermeiden wir alle höfischen Gewohnheiten und Verhaltensweisen wie Intrigen, Tratsch, Seilschaften, Günstlingswirtschaft, Bevorzugungen, und helfen wir uns gegenseitig, sie zu vermeiden. Unser Reden sei das des Evangeliums: Unser Ja sei ein Ja und unser Nein ein Nein; unser Verhalten sei das der Seligpreisungen und unser Weg jener der Heiligkeit.«

Ähnlich mahnende Worte finden sich bei Treffen mit Bischöfen, Priestern und Ordensleuten. Demut, Dienst und Hören auf das Volk Gottes sind die Grundhaltungen, die der oberste Hirte den Betreffenden mit auf den Weg gibt. Franziskus möchte Verkünder einer frohen Botschaft, die Seelsorger und Hirten sind. Jeglicher Standesdünkel und Karrierismus soll ihnen fern sein. Franziskus lehnt es nicht ab, wenn Kleriker oder Ordensleuten in ihren Gemeinden Ansehen genießen. Dieses soll aber nicht in einem Amtsstatus begründet sein, sondern in einer natürlichen Autorität, die auf einem authentischen und glaubwürdigen Leben in der Nachfolge Jesu begründet ist. »Seid Hirten mit dem ›Geruch der Schafe‹, dass man ihn riecht –, Hirten inmitten ihrer Herde und Menschenfischer«, ruft er den Priestern bei der ersten Chrisammesse als Papst am Gründonnerstag 2013 zu.

Diese Haltung fordert er auch immer wieder von den Bischöfen. Den Vertretern des Lateinamerikanischen Bischofsrats CELAM gibt er bei einem Treffen im September 2017 in Bogota mit auf den Weg: »Es geht darum, dass ihr euch Tag für Tag auf die Arbeit am Feld einlasst, dort, wo das Volk Gottes lebt, das euch anvertraut wurde. Es ist uns nicht erlaubt, uns durch die klimatisierte Luft der Büros, durch die Statistiken und die abstrakten Strategien lähmen zu lassen.«

Eine »arme Kirche an der Seite der Armen« ist eine Kirche, die immer auf den konkreten Menschen blickt. Und das geht aus Sicht von Bergoglio nur, wenn die Seelsorger mitten unter den Menschen sind. In einer Ansprache an Nuntien, die an der Auswahl geeigneter Bischofskandidaten maßgeblich beteiligt sind, sagte er: »Das ist das erste Kriterium: Hirten, die den Menschen nahe sind. Er ist ein großer Theologe, ein kluger Kopf: Er soll an die Universität gehen, wo er viel Gutes tun kann! Hirten! Wir brauchen sie! Sie sollen Väter und Brüder sein, sie sollen sanftmütig, geduldig und barmherzig sein; sie sollen die Armut lieben, die innere Armut als Freiheit für den Herrn und auch die äußere Armut als Einfachheit und Schlichtheit des Lebens. Sie sollen keine Mentalität von ›Fürsten‹ haben. Achtet darauf, dass sie nicht ehrgeizig sind, dass sie nicht nach dem Bischofsamt streben.«

Von der armen Kirche zur barmherzigen Kirche *oder: Was ist der wahre Name Gottes?*

»Die Botschaft Jesu ist diese: Barmherzigkeit. Für mich – ich sage das in aller Bescheidenheit – ist das die stärkste Botschaft des Herrn: die Barmherzigkeit.« Das erklärt Franziskus vier Tage nach seiner Wahl zum Papst beim Gottesdienst in der kleinen Gemeindekirche des Vatikans. Nur wenige Stunden später wird er den Gedanken weiter ausführen bei seinem ersten großen Mittagsgebet vom Fenster des Arbeitszimmers im dritten Stock des Apostolischen Palasts: »Er [Gott] ist der liebende Vater, der immer vergibt, der dieses Herz der Barmherzigkeit für uns alle hat, und auch wir wollen lernen, mit allen barmherzig zu sein.« Franziskus steht mit dem Thema Barmherzigkeit in guter katholischer Tradition; dass es allerdings zur Magna Charta kirchlichen Handelns erhoben wird, ist neu.

Papst Johannes XXIII. betont in seiner Rede zur Eröffnung des II. Vatikanischen Konzils im Oktober 1962: »Heute hingegen macht die Braut Christi lieber vom Heilmittel der Barmherzigkeit als von der Strenge Gebrauch. Sie möchte den Nöten der gegenwärtigen Welt dadurch entgegenkommen, dass sie die Gültigkeit ihrer Lehre aufweist und nicht so sehr Verdammungen ausspricht. [...] Die katholische Kirche, während sie durch dieses ökumenische Konzil die Leuchte der katholischen Glaubenswahrheit hochhält, will sich damit als eine sehr liebevolle, gütige und geduldige Mutter aller erweisen, voller Erbarmung und mit Wohlwollen für ihre Kinder, die von ihr getrennt sind.«

Sein Nachfolger Paul VI. erklärt zum Abschluss des Konzils: »Wir wollen vielmehr unterstreichen, dass die Religion dieses Konzils die Nächstenliebe ist [...] Die uralte Erzählung vom barmherzigen Samariter wurde zum Paradigma für die Spiritualität dieses Konzils. [...] Natürlich werden die Irrtümer abgelehnt, dass verlangt die Verpflichtung zur Liebe und nicht weniger die Verpflichtung zur Wahrheit. Aber für die Menschen gibt es nur Ermutigung, Respekt und Liebe. […] Und noch eine andere Sache wollen wir hier aufzeigen: All dieser doktrinäre Reichtum hat ein einziges Ziel, nämlich dem Menschen zu dienen. Und zwar dem Menschen, so dürfen wir sagen, in jeder Lebenslage, in all seinen Krankheiten und in all seinen Bedürfnissen.«

Papst Johannes Paul II. widmet dem Thema Barmherzigkeit eine eigene Enzyklika. In *Dives in misericordia* über das göttliche Erbarmen unterstreicht er 1980, dass Jesus das Erbarmen zu einem der »Hauptthemen seiner Lehrtätigkeit« gemacht habe. Johannes Paul II. bezeichnet die Worte aus der Bergpredigt »Selig die Barmherzigen, denn sie werden Erbarmen finden« als »in gewissem Sinn eine Synthese der ganzen Frohbotschaft«.

»In unserer Zeit hat es die Menschheit nötig, dass die Barmherzigkeit Gottes kraftvoll verkündet und bezeugt wird«, erklärt Benedikt XVI. und kommt zu dem Schluss: »Der Name Gottes ist Barmherzigkeit.« Franziskus greift das auf und macht die Barmherzigkeit zum Schlüsselbegriff seines Pontifikats. Um die Bedeutung zu unterstreichen, ruft er sogar ein »Außerordentliches Heiliges Jahr der Barmherzigkeit« aus, das mit der 50-Jahr-Feier des Endes des II. Vatikanischen Konzils am 8. Dezember 2015 eröffnet wird. Er zeigt damit, dass es um eine Fortführung des zentralen Gedankens des Konzils geht.

Bereits einen Monat nach seiner Wahl stellt Franziskus fest, das Konzil sei »mangelhaft verwirklicht«. Man versuche, ihm ein Denkmal zu bauen, »aber eins, das nicht unbequem ist, das uns nicht stört«. Der Heilige Geist sei für die Kirche aktuell »eine Belästigung«. »Er bewegt uns, er lässt uns unterwegs sein, er drängt die Kirche, weiterzugehen. Wir wollen, dass der Heilige Geist sich beruhigt, wir wollen ihn zähmen. Aber das geht nicht«, ist der damals noch neue Papst überzeugt. Jene, die in die vorkonziliare Zeit zurückwollen, bezeichnet er bei der Gelegenheit – einem Gottesdienst zum 86. Geburtstag seines Vorgängers Benedikt XVI. – als »dickköpfig«. Das würde bedeuten, den Heiligen Geist »domestizieren« zu wollen. Zum Abschluss des Heiligen Jahres der Barmherzigkeit stellt Franziskus in einem Interview im November 2016 fest: »Die Kirche besteht nur, um als Instrument den Menschen das Bild des barmherzigen Gottes zu zeigen.« Das Konzil sei in der Konstitution über die Kirche, *Lumen gentium,* zur Quelle ihrer Natur zurückgegangen: dem Evangelium. »Das hat die Achse der christlichen Konzeption verschoben von einem gewissen Legalismus, der ideologisch sein kann, hin zu Gott als Person, der Barmherzigkeit geworden ist in der Menschwerdung des Sohnes.« Das verstünden einige noch immer nicht, so Franziskus mit Verweis auf Kritik an seinem Apostolischen Schreiben *Amoris laetitia.* »Einige verstehen immer noch nicht, entweder weiß oder schwarz, auch wenn es doch im Fluss des Lebens selbst ist, dass man unterscheiden muss! Das Konzil hat uns das gesagt, doch die Historiker sagen, dass ein Konzil ein Jahrhundert braucht, um gut in den Körper der Kirche aufgenommen zu werden … Wir sind da auf der Hälfte.«

Während also einige Katholiken rund um den Globus über Jahre hinweg bereits ein III. Vatikanisches Konzil gefordert hatten, ist Franziskus überzeugt, dass das letzte noch nicht wirklich umgesetzt ist und noch viel Potenzial in ihm steckt. Interessant ist, dass seit Amtsantritt von Jorge Mario Bergoglio als Bischof von Rom die Rufe nach einem neuen Konzil leiser geworden sind. Zwar gibt es nach wie vor viele Katholiken, die einen großen Reformstau in der katholischen Kirche sehen. Doch Franziskus scheinen die Reformkatholiken zuzutrauen, diesen abzuarbeiten. Sein radikal eigener Stil der Bescheidenheit und Demut, mit dem er vom ersten Tag an viele Menschen in seinen Bann zog, nährt diese Hoffnung ebenso wie sein starker Akzent auf dem Thema Barmherzigkeit. Das zieht sich als Grundkonstante durch sein priesterliches und bischöfliches Wirken, was unter anderem an seinem Wappenspruch als Bischof, den er auch als Papst beibehält, deutlich wird: »Miserando atque eligendo« könnte man so übersetzen: »Mit Augen der Barmherzigkeit«. Das ist ein Zitat aus einer Predigt des heiligen Beda Venerabilis, in welcher der angelsächsische Benediktiner und Theologe im 7. Jahrhundert die Berufung des heiligen Matthäus kommentierte. Er schrieb: »Jesus also sah den Zöllner, und da er ihn aus Barmherzigkeit gewählt (miserando atque eligendo) ansah, sagte er zu ihm: Folge mir.« Im Matthäusevangelium (Mt 9,9–13) berichtet der Evangelist über seine eigene Berufung und das Unverständnis der Pharisäer, weil Jesus bei ihm, einem Zöllner, eingekehrt war. So fragten die Jünger Jesu, wie es sein könne, dass dieser mit Sündern esse. Jesus erwiderte ihnen: »Nicht die Gesunden brauchen den Arzt, sondern die Kranken. Darum lernt, was es heißt: Barmherzigkeit will ich, nicht Opfer. Denn ich bin gekommen, die Sünder zu rufen, nicht die Gerechten.«

Die Gegenüberstellung zwischen Pharisäern und Schriftgelehrten einerseits und der Intention Jesu andererseits findet sich bei Papst Franziskus immer wieder. Dabei richtet sich Franziskus mit dieser Botschaft nicht nur an den Klerus. Bei seinem Besuch in Kolumbien Anfang September 2017 gibt er beim Gottesdienst in Medellín allen Gläubigen mit auf den Weg: »Wir sollen uns nicht an bestimmten Verhaltensweisen festhalten, die uns mehr der Lebensweise mancher Pharisäer von damals annähern als der von Jesus. Die Freiheit Jesu steht dem Mangel an Freiheit der Gesetzeslehrer jener Zeit gegenüber, die durch eine rigoristische Deutung und Anwendung des Gesetzes gelähmt waren.« Franziskus sieht hier »zwei Arten von Logik des Denkens und des Glaubens« am Werk. Das führte er bei der Ernennung neuer Kardinäle Mitte Februar 2015 aus. Die eine sei von der Angst bestimmt, die Geretteten zu verlieren, die andere von dem Wunsch, die Verlorenen zu retten. »Auch heute geschieht es manchmal, dass wir uns am Kreuzungspunkt dieser beiden Arten der Logik befinden: der Logik der Gesetzeslehrer, das heißt die Gefahr zu bannen durch Entfernen der angesteckten Person, und der Logik Gottes, der mit seiner Barmherzigkeit den Menschen umarmt und aufnimmt, ihn wieder eingliedert und so das Böse in Gutes, die Verurteilung in Rettung und die Ausgrenzung in Verkündigung verwandelt.«

Franziskus ordnet den beiden Logiken zwei Haltungen zu, die den entscheidenden Unterschied noch einmal verdeutlichen: ausgrenzen und wiedereingliedern. Das Fazit des Papstes: Der Weg der Kirche muss »der Weg der Barmherzigkeit und der Eingliederung« sein. Es gehe darum, »niemanden auf ewig zu verurteilen«, sondern »die Barmherzigkeit Gottes über alle Menschen auszugießen, die sie mit ehrlichen Herzen erbitten«. Er betont zugleich, dies bedeute nicht, das Gesetz aufzuheben, sondern es zu erfüllen. Gerade hier haken immer wieder die Kritiker von Franziskus ein und erklären, Franziskus verändere mit seinem Vorgehen die traditionelle katholische Lehre. Er weiche Dogmen und Gesetze auf. Es gehe ihm vor allem darum, möglichst große Zustimmung bei den Menschen zu erhalten, und daher opfere er viele Prinzipien dem Zeitgeist.

Doch Franziskus lässt das nicht gelten. Denn er sieht in seinem Ansatz die konsequente Fortführung dessen, was Jesus in Bezug auf das Gesetz des Alten Bundes macht: nicht aufheben, sondern erfüllen. Man könnte auch sagen: weiter denken. Immer wieder erinnert der Papst an jenes Gleichnis aus dem Markusevangelium, an dessen Ende Jesus die Pharisäer zurechtweist mit den Worten: »Der Sabbat ist für den Menschen da, nicht der Mensch für den Sabbat« (Mk 2,27). Die Pharisäer hatten sich beschwert, weil die Jünger Jesu am Sabbat Ähren abgerissen hatten, was aus ihrer Sicht aufgrund des Sabbatgebots verboten ist. Kein Gesetz und keine Regel könnten letztendlich der Vergebung durch Gott und dessen Barmherzigkeit entgegenstehen, lautet die Grundmaxime des

Papstes. Wer nur beim Gesetz stehen bleibe, »vereitle« den Glauben und das göttliche Erbarmen. Es gebe einen »propädeutischen Wert im Gesetz, dessen Ziel die Liebe ist«, erklärt er seine Position im Apostolischen Schreiben *Misericordia et misera* zum Abschluss des Außerordentlichen Heiligen Jahres der Barmherzigkeit. Es gehe darum, »unmissverständlich die moralischen Prinzipien darzulegen«, zugleich aber »weitsichtig in der Unterscheidung jedes einzelnen Falls« sowie »großherzig in der Gewährung der Vergebung Gottes« zu sein. Der Pontifex bezeichnet die Barmherzigkeit als »Tragbalken, der das Leben der Kirche stützt«. Für ihn hängt die Glaubwürdigkeit der Kirche von dieser Haltung ab, denn diese führe »über den Weg der barmherzigen und mitleidenden Liebe«.

Zwei entscheidende Punkte sind hier genannt, die für das richtige Verständnis der Barmherzigkeit nach Franziskus wichtig sind: ihr Verhältnis zur Gerechtigkeit und Wahrheit sowie das Prinzip der Unterscheidung. Was Gerechtigkeit und Barmherzigkeit anbetrifft, sind diese nach Ansicht von Bergoglio »zwei Dimensionen einer einzigen Wirklichkeit«. Sie widersprechen sich nicht, sondern beziehen sich eng aufeinander. Unter anderem in seiner Ankündigungsbulle für das Heilige Jahr der Barmherzigkeit *Misericordiae vultus* beschäftigt sich Franziskus eingehend mit diesem Thema. Die Gerechtigkeit hat demnach zwei Dimensionen. Zum einen drückt sie aus, dass jedem das gegeben werden muss, was ihm zusteht. Hier sieht Franziskus allerdings die Gefahr, dass diese Sichtweise zu einer Art Legalismus führt. »Um eine legalistische Sichtweise zu überwinden, ist es notwendig, sich daran zu erinnern, dass in der Heiligen Schrift die Gerechtigkeit hauptsächlich als ein sich völliges und vertrauensvolles Überlassen in den Willen Gottes verstanden wird« (MV 20). Hier kommt nun eine zweite Dimension ins Spiel, bei der die Gerechtigkeit ganz stark an den Glauben rückgebunden wird. Franziskus koppelt diesen Gedanken an die Frage, wie der Mensch gerettet wird, und kommt zu dem Schluss:

»Nicht die Beachtung des Gesetzes rettet, sondern der Glaube an Jesus Christus, der durch seinen Tod und seine Auferstehung in seiner gerechtmachenden Barmherzigkeit das Heil bringt. Die Gerechtigkeit Gottes bedeutet jetzt eine Befreiung derer, die Sklaven der Sünde und all ihrer Folgen sind. Die Gerechtigkeit Gottes ist seine Vergebung.«

Diese Gedanken lassen bei einigen Gegnern von Franziskus die Alarmglocken schrillen. Denn an dieser Stelle sehen sie ihn auf theologischen Abwegen. In der Tat erinnert die Argumentation an die Idee der Rechtfertigungslehre. Der Pontifex zieht Paulus heran, der – nach seiner Bekehrung vom Christenverfolger Saulus zum wichtigsten Verkünder der christlichen Botschaft – im Brief an die Galater feststellt: »Auch wir sind dazu gekommen, an Christus Jesus zu glauben, damit wir gerecht werden durch den Glauben an Christus, und nicht durch Werke des Gesetzes« (Gal 2,16). Er übernimmt von Paulus die Unterscheidung jener Gerechtigkeit, die die Menschen mit ihren Gesetzen schaffen wollen, und jener, die von Gott kommt. Der stelle die Gerechtigkeit »in einen größeren Zusammenhang und geht über sie hinaus, so dass man die Liebe erfährt, die die Grundlage der wahren Gerechtigkeit ist«. Wenn Gott, so Franziskus, bei der Gerechtigkeit stehen bliebe, wäre er wie die Menschen, die die Einhaltung von Gesetzen einforderten. »Darum überbietet Gott die Gerechtigkeit mit der Barmherzigkeit und der Vergebung.« Beispielhaft werde das am Handeln Jesu deutlich, so der Papst, der seinen Jüngern den »Primat der Barmherzigkeit« als Lebensregel aufgegeben habe.

Interessant ist, dass es gerade der emeritierte Papst Benedikt XVI. ist, der die enge Verbindung von Barmherzigkeit und Rechtfertigungslehre unterstreicht. Im März 2016 wird ein Interview veröffentlicht, in dem er »die Tatsache, dass der Begriff von der Barmherzigkeit Gottes immer zentraler und dominanter wird« als »Zeichen der Zeit« bezeichnet. »Mir scheint, dass sich im Thema der göttlichen Barmherzigkeit das, was die Rechtfertigung durch den Glauben bedeutet, auf neue Weise ausdrückt.«

»Herr, gib, dass ich gerecht bin, gerecht, aber mit Barmherzigkeit.« Dieses Gebet empfahl Papst Franziskus Ende Februar 2017 den Gläubigen bei der Morgenmesse. Es soll davor bewahren, dem »heuchlerischen Trug« der »Kasuistik« zu verfallen. Denn genau diese ist mit der Idee einer »barmherzigen Kirche« nicht vereinbar. Ein Schwarz-Weiß-Denken hat hier keinen Platz. Es sei ein Denken, »das dann subtiler, diabolischer wird: ›Bis zu welchem Punkt darf ich? Aber von hier nach da darf ich nicht.‹« Die Kasuistik verfängt sich nach Franziskus in immer neuem Klein-Klein. Daher scheitern auch alle Versuche, das Kirchenoberhaupt in bestimmten Fragen auf einen Maßnahmenkatalog festlegen zu wollen, etwa im Umgang mit wiederverheirateten Geschiedenen.

Wie verhalten sich nun aber Barmherzigkeit und Wahrheit? »Die Wahrheit ist eine Gefährtin der Gerechtigkeit und der Barmherzigkeit«, twittert er Anfang September 2017. Im November 2016 bereits stellt er fest: »Die Barmherzigkeit ist in der Kirche nicht nur ein Einschub: Sie ist ihr eigentliches Leben und macht die Wahrheit des Evangeliums greifbar.« In seinem Schreiben *Amoris laetitia* kommt Franziskus zu dem Schluss: »Es ist zum Beispiel wahr, dass die Barmherzigkeit die Gerechtigkeit und die Wahrheit nicht ausschließt; vor allem aber müssen wir erklären, dass die Barmherzigkeit die Fülle der Gerechtigkeit und die leuchtendste Bekundung der Wahrheit Gottes ist« (AL 311).

Doch was versteht der Papst unter der Wahrheit Gottes? Jesus sagt von sich, er sei »der Weg, die Wahrheit und das Leben« (vgl. Joh 14,6). Niemand komme zum Vater außer durch ihn. Weg, Wahrheit, Leben – in diesem Dreiklang sind die einzelnen Elemente zu verstehen. Sie sind in der Person Jesu verbunden und aufeinander bezogen. Die Wahrheit ist dann nicht etwas Metaphysisches, das in sich besteht, ein Absolutum, sondern etwas Dynamisches, das auf die Person Jesu hingeordnet ist. »Paulus«, so Franziskus in einer Morgenmesse Anfang Mai 2013, »sagt zu den Athenern nicht: ›Das ist die Enzyklopädie der Wahrheit. Studiert das und ihr werdet die Wahrheit besitzen!‹« Diese passe eben nicht in ein Lexikon, sondern sie sei vielmehr »die Begegnung mit der höchsten Wahrheit, mit Jesus, der großen Wahrheit«. Wer ihm folgt, findet die Erkenntnis der Wahrheit sprich das Evangelium, seine Frohe Botschaft. Um diese erkennen zu können, hat Jesus seinen Jüngern den »Geist der Wahrheit« versprochen, der sie »in alle Wahrheiten einführen wird« (vgl. Joh 16,13).

Die Christen haben nun über die Zeiten versucht, diese Wahrheit immer besser zu verstehen. Ihre Erkenntnis haben sie in Glaubenssätze gepackt, die sie auch zu ganzen Glaubensbekenntnissen ausformuliert oder in Dogmen definiert haben. Doch längst haben sie noch nicht die ganze Fülle der Wahrheit erkannt. Papst Franziskus weist immer wieder darauf hin, dass sie sich dessen bewusst sein müssen. »Die Kirche, die eine missionarische Jüngerin ist, muss in ihrer Interpretation des offenbarten Wortes und in ihrem Verständnis der Wahrheit wachsen« (EG 40). Dieses Faktum hat ganz konkrete Konsequenzen etwa für einen Pluralismus innerhalb der katholischen Kirche, aber auch für das Verhältnis der Christen und Konfessionen untereinander sowie auch für die Beziehungen zu Nichtglaubenden und den anderen Religionen.

So schreibt Franziskus in *Amoris laetitia,* es sei legitim, dass es »verschiedene Interpretationen einiger Aspekte der Lehre oder einiger Schlussfolgerungen, die aus ihr gezogen werden«, gibt. »Dies wird so lange geschehen, bis der Geist uns in die ganze Wahrheit führt« (AL 3). Immer wieder verweist Franziskus auf die Feststellung des II. Vatikanischen Konzils, »dass es eine Rangordnung oder ›Hierarchie der Wahrheiten‹ innerhalb der katholischen Lehre gibt« (EG 36). Das gelte sowohl für die Glaubensdogmen als auch für das Ganze der Lehre der Kirche, einschließlich der Morallehre. In *Evangelii gaudium* führt der Papst dann mit Verweis auf Thomas von Aquin aus, dass »die Barmherzigkeit die größte aller Tugenden ist«, denn, so der bedeutende Kirchenlehrer aus dem 13. Jahrhundert im zweiten Teil seiner *Summa Theologiae,* in der er sich über die Morallehre äußert: »Es gehört zum Erbarmen, dass es sich auf die anderen ergießt und – was mehr ist – der Schwäche der anderen aufhilft; und das gerade ist Sache des Höherstehenden. Deshalb wird das Erbarmen gerade Gott als Wesensmerkmal zuerkannt; und es heißt, dass darin am meisten seine Allmacht offenbar wird.«

Für Franziskus ist deshalb klar: »Der Name Gottes ist Barmherzigkeit.« So ist das erste längere Interviewbuch in seiner Zeit als Papst überschrieben. Als Konsequenz, so Bergoglio in diesem Buch, muss die Kirche entsprechend handeln. Sie sei nicht auf der Welt, »um zu verurteilen, sondern um den Weg zu bereiten für die ursprüngliche Liebe, die die Barmherzigkeit Gottes ist. Damit dies geschehen kann, müssen wir hinausgehen auf die Straße. Hinaus aus den Kirchen und Pfarrhäusern, um den Menschen dort zu begegnen, wo sie leben, wo sie leiden, wo sie hoffen.« Wenn die Kirche, wie das Konzil in seiner Konstitution über die Kirche, *Lumen gentium,* gleich zu Beginn feststellt, ein »Sakrament« ist, »das heißt Zeichen und Werkzeug für die innigste Vereinigung mit Gott wie für die Einheit der ganzen Menschheit« (LG 1), dann muss sie das durchscheinen lassen, durch was diese Beziehung zu Gott in erster Linie geprägt ist: die Barmherzigkeit. Wenn die Kirche das »allumfassende Heilssakrament« (LG 48) ist – man könnte vielleicht auch besser verständlich sagen: »Heilszeichen« sein soll –, dann muss sie auch das verkörpern, was dieses Heil ist: die besondere Zuwendung des barmherzigen Gottes zu den Menschen. Franziskus möchte, dass die Kirche in diesem Sinne des II. Vatikanums weitergedacht wird. Er beschließt übrigens das Barmherzigkeitsbuch mit einem Verweis auf den heiligen Johannes vom Kreuz, der den Ernst vor Augen führt, der hinter dieser Neuausrichtung der katholischen Kirche weg von einer tadelnden und moralisierenden Instanz hin zu einem Werkzeug der Barmherzigkeit steht: »Am Abend des Lebens werden wir nach der Liebe gerichtet.«

Von der Westkirche zur Weltkirche
oder: Ein Knirschen im globalen Machtgefüge

»Der Geist der Armut und Liebe ist Ruhm und Zeugnis der Kirche Christi« (GS 88). So schreiben es die Konzilsväter in der Pastoralkonstitution des II. Vatikanischen Konzils. Armut und Liebe sind zwei der Grundkonstanten des Wirkens von Papst Franziskus. Mit dem ersten Papst, der von der Südhalbkugel kommt, beginnt eine neue Ära in der Rezeption des II. Vatikanischen Konzils. Bei dieser Kirchenversammlung konnte sich die katholische Kirche erstmals richtig als Weltkirche erleben. 2500 Bischöfe aus der ganzen Welt kamen zu den vier Sitzungsperioden zwischen 1962 und 1965 nach Rom. Auch wenn die Bischöfe aus Europa und Nordamerika noch immer die große Mehrheit waren, wurde durch die starke Präsenz ihrer Mitbrüder aus den Ländern des Südens zum ersten Mal deutlich, dass die katholische Kirche ein Global Player ist. Unter den Teilnehmern waren 380 Afrikaner und mehr als 300 Asiaten. Zum Vergleich: Am I. Vatikanischen Konzil (1869–1870) nahmen rund 750 Bischöfe teil. Nur ein Drittel kam aus nichteuropäischen Ländern, darunter neun Bischöfe aus Afrika, 30 aus Lateinamerika und 41 aus Asien. Zumeist waren diese Bischöfe als Missionare aus Europa in den Süden gegangen. Das I. Vatikanum war somit in jeder Hinsicht europäisch geprägt. Ganz anders das II. Vatikanum. Karl Rahner (1904–1984), einer der bedeutendsten Konzilstheologen, sprach mit Blick auf das II. Vatikanum vom »ersten amtlichen Selbstvollzug der Kirche als Weltkirche«. Sie wurde, so der Theologe, von einer abendländisch-eurozentrischen Kirche zu einer polyzentrischen Weltkirche. Laut dem Jesuiten Martin Maier verglich Rahner diesen Übergang »mit der historischen Zäsur, wie sie sich am Anfang der Kirchengeschichte beim Übergang vom Judenchristentum zum Heidenchristentum vollzogen hatte«. Allerdings konnte die Abkehr von der Eurozentrik hin zu einem echten Global Player nicht innerhalb der dreijährigen Tagungszeit des Konzils verwirklicht werden. Es war sozusagen der Startschuss für einen Transformationsprozess, der bis heute noch nicht abgeschlossen ist. Mit dem ersten nichteuropäischen Papst bekommt dieser Transformationsprozess nun noch einmal neuen Drive. Entsprechend wachsen auch die Widerstände.

Die neue Sicht des Konzils auf die Kirche schlägt sich in einer Reihe von wichtigen Beschlüssen nieder. So wurde die Feier der Liturgie in der Landessprache erlaubt und die Bedeutung der Ortskirchen gestärkt. Während das I. Vatikanum den Primat des Papstes betonte, unterstrich das II. Vatikanum die Kollegialität der Bischöfe. Es öffnete die katholische Kirche für die Ökumene sowie für den Dialog mit anderen Religionen und der Welt. Vor allem die Bischofssynoden sind nach dem Konzil ein Schritt gewesen, um der weltkirchlichen Dimension der katholischen Kirche dauerhaft einen Ausdruck zu verleihen. Dies wurde durch eine Internationalisierung der Römischen Kurie und des Kardinalskollegiums unterstützt. Verstärkt setzten die Päpste in der Leitung einzelner Dikasterien, der obersten Kurienbehörden, Erzbischöfe und Kardinäle nichteuropäischer Herkunft ein. Das gilt ebenso für die Referentenebene in der Kurie. 1969 richtete Papst Paul VI. eine Internationale Theologenkommission ein, die bei der Glaubenskongregation angesiedelt ist. Sie soll gewährleisten, dass bei der theologischen Arbeit der Kurie die unterschiedlichen theologischen Denkschulen der polyzentrischen Weltkirche Berücksichtigung finden.

Allerdings ist trotz aller dieser Bemühungen die Dominanz der Europäer im Allgemeinen und der Italiener im Besonderen bis heute ungebrochen. Das führte immer wieder zu scharfer Kritik an den Päpsten. Denn einher ging dieses Verharren im Eurozentrismus mit einem stetig zunehmenden Zentralismus. Im Vorkonklave im März 2013 wurde das von den Kardinälen massiv kritisiert. Ehrlicherweise muss man aber auch sagen, dass diese Entwicklung über Jahrzehnte durch eine gegenläufige Tendenz auf Seiten der Ortskirchen bestärkt wurde. Allzu schnell wurde bei Entscheidungen nach Rom geblickt und von dort eine Antwort erbeten. Damit gab man oft aus freien Stücken die »Macht« aus den Händen.

Franziskus ist angetreten, die Kirche so zu verändern, dass sie den aktuellen Gegebenheiten und Anforderungen gerecht wird. Dabei zeigt schon allein der Blick auf die Zahl und die Verteilung der Katholiken, dass sich etwas ändern muss. 1910 gab es laut dem US-amerikanischen Pew-Institut weltweit knapp 300 Millionen Katholiken. 65 Prozent davon lebten in Europa (188,96 Mio), 24 Prozent in Lateinamerika und der Karibik (70,7 Mio), fünf Prozent jeweils in Asien (13,9 Mio) und Nordamerika (15,2 Mio), während der Nahe Osten (1,4 Mio) und Afrika (1,2 Mio) jeweils bei unter einem Prozent lagen. 2010 waren es 1,08 Milliarden Katholiken. Europa lag mit 257,16 Millionen Katholiken und 24 Prozent allerdings nur noch auf Platz zwei. 39 Prozent der Katholiken lebten in Südamerika (425,5 Mio), 16 Prozent in Afrika (171,5 Mio), 12 Prozent in Asien und Ozeanien (130,5 Mio) sowie acht Prozent in Nordamerika (88,5 Mio). Im Nahen Osten blieb der Anteil der Katholiken unter einem Prozent (5,6 Mio).

Vergleicht man diese Zahlen mit der Zahl der Kardinäle, stellt man sehr schnell fest, dass hier ein großes Missverhältnis besteht. Die Schieflage hat sich zwischen den letzten beiden Konklaven von 2005 und 2013 noch vergrößert. In beide Konklaven zogen 115 Kardinäle ein. Während 2005 aus Europa 58 Kardinäle dabei waren, waren es 2013 sogar 60. Der Anteil der Italiener stieg von 19 im Jahr 2005 auf 28 im Jahr 2013, eine Steigerung um fast 50 Prozent. Ähnlichen Zuwachs gab es bei den Kurienkardinälen: 2005 waren 28 im Konklave dabei, 2013 war die Zahl auf 41 gestiegen. Afrika war bei beiden Papstwahlen mit je elf Kardinälen vertreten, Nordamerika jeweils mit 14. Südamerika und Asien verloren in den acht Jahren jeweils einen Wahlkardinal und zogen 2013 mit 19 und 11 Kardinälen ins Konklave ein. Auch die Zahl der Nationen, die in den beiden Konklaven vertreten waren, nahm ab. 2005 kamen die Wähler aus 52 Nationen, 2013 nur noch aus 48. Franziskus hat es sich nun zum Ziel gesetzt, das Kardinalskollegium weiter zu internationalisieren.

Anfang 2018 gibt es 216 Kardinäle. 96 von ihnen haben das 80. Lebensjahr bereits vollendet und können damit nicht mehr in ein Konklave einziehen. Von den 120 Wahlkardinälen hat Franziskus 49 ernannt, 52 fallen auf das Pontifikat von Benedikt XVI. und 19 noch auf die Zeit von Johannes Paul II. Bei der kontinentalen Verteilung der Wahlkardinäle führen die Europäer mit 52 zwar noch immer überproportional, aber die Zahl ist im Sinken begriffen. Nordamerika stagniert mit 13, während in Südamerika die Zahl mit 21 leicht steigt, ebenso in Afrika mit 15 Wahlkardinälen und vor allem in Asien und Ozeanien mit mittlerweile 19. Die Zahl der in einem Konklave vertretenen Nationen ist im Vergleich zur Papstwahl 2013 von 48 auf 62 gestiegen.

Diese Entwicklung hat ihren Preis. Will sich Franziskus weiterhin an der Obergrenze von 120 Konklaveteilnehmern orientieren, muss es einen weiteren Transfer der Kardinalssitze von Europa in die anderen Regionen der Welt geben. So müssen Bistümer, die über viele Jahrzehnte oder gar Jahrhunderte immer einen Kardinal hatten, darauf verzichten. In Italien gingen etwa Turin und Venedig bei den ersten vier Konsistorien leer aus. In Deutschland könnte es Berlin treffen. Die Hauptstadt war zuletzt neben München und Köln ein sicherer Kardinalssitz. Die Kardinalshüte für Mainz waren mit Hermann Volk und Karl Lehmann eher persönliche Auszeichnungen. So gibt es derzeit mit den Kardinälen Rainer Maria Woelki, Reinhard Marx und Gerhard Ludwig Müller drei deutsche Wahlkardinäle. Daneben ist Deutschland im Kardinalskollegium mit sechs weiteren Purpurträgern vertreten, die das 80. Lebensjahr bereits vollendet haben: Karl Lehmann, Karl-Josef Rauber, Paul Josef Cordes, Walter Kasper, Walter Brandmüller und Friedrich Wetter.

Bei der Ernennung neuer Kardinäle fällt auf, dass sich Franziskus nicht unbedingt an der Zahl der Katholiken orientiert. Vielmehr achtet er offenbar auf eine stärkere geografische Verteilung. Denn sonst hätten wohl Haiti, die Elfenbeinküste, die Kapverden, Myanmar, Bangladesch, Mauritius, Laos und Schweden nicht unbedingt einen Kardinal bekommen. Dieses Vorgehen ruft auch Kritiker auf den Plan. Sie fragen, warum Franziskus den Purpur nicht proportional nach Katholikenzahlen vergibt. Doch passt die Ernennungspolitik durchaus zu der Vorgabe, die Kirche müsse an die Ränder gehen. In den genannten Ländern sind die Katholiken in der Minderheit. Sie können diese Erfahrungen in das Kardinalskollegium einbringen. Außerdem schafft Franziskus mit der Ernennungspolitik ein Gegengewicht zur allgemeinen Entwicklung in Wirtschaft und Politik. Franziskus holt die Länder und Regionen ins Kardinalskollegium, die im Globalisierungsprozess keine große Rolle spielen. Er setzt dem allgemeinen Trend einen eigenen, kirchlichen entgegen.

Die Macht Europas in der katholischen Kirche wird allerdings noch lange nicht gebrochen sein. Stärker als seine Vorgänger nutzt Franziskus das Kardinalat in einem politischen Sinn. So stärkte er mit der Verleihung des Purpurs den Apostolischen Nuntius in Syrien, Mario Zenari, sowie den Erzbischof von Morelia, einer mexikanischen Drogenhochburg, Alberto Suárez Inda.

Eine große Baustelle gibt es allerdings bei Papst Franziskus, das ist die Kurie. Da kommt auch in seinem Pontifikat die Internationalisierung nicht voran. Nimmt man die 23 wichtigsten Behörden der Römischen Kurie und blickt auf die ersten beiden Hierarchiestufen, sprich 47 Führungspositionen, sind 35, also drei Viertel davon, Ende Oktober 2017 von Europäern besetzt, 18 von ihnen sind Italiener. Nur zwei Führungskräfte kommen aus Asien/Ozeanien, je zwei aus Afrika und Nordamerika sowie sechs aus Lateinamerika. Eine Stelle war zu diesem Zeitpunkt vakant. Vergleicht man das mit früheren Pontifikaten, stellt man fest, dass der Anteil der Europäer nur geringfügig zurückgegangen ist.

Nun zählt die Kurie nicht zu den obersten Prioritäten von Papst Franziskus. Außerdem möchte er ihr im Rahmen seiner Reformen einen neuen Platz im Gefüge der katholischen Kirche zukommen lassen, mit weit weniger Macht und Einfluss als bisher. Dennoch scheint es nicht unerheblich, dass sich auch in der zentralen Verwaltung die polyzentrische Weltkirche widerspiegelt. Denn nur so wird es gelingen, die Widerstandskräfte einer europäisch dominierten Kurie zu überwinden. Vor allem die starke Präsenz der Italiener stellt eine große Herausforderung dar. Diese gilt ja nicht nur für die Führungsebene, sondern auch für die Referentenebene und vor allem für die Verwaltung des Staats der Vatikanstadt.

Damit bildet die Römische Kurie längst nicht die Realität in der katholischen Weltkirche ab und auch das Kardinalskollegium ist noch lange kein Spiegelbild der wirklichen Verhältnisse. Anders sieht es bei den Bischöfen weltweit aus. Von den rund 5000 Bischöfen leben etwa 32 Prozent in Europa, 26 Prozent in Südamerika, knapp 18 Prozent in Asien und Ozeanien sowie 13 Prozent in Afrika und knapp zwölf Prozent in Nordamerika. Viel wichtiger als die reinen Zahlen ist, dass in den vergangenen Jahrzehnten der Anteil der einheimischen Bischöfe in den Ländern des Südens stark angestiegen ist. Damit hat die Zahl der europäischen Missionsbischöfe abgenommen. Das geht einher mit einer anderen Entwicklung: Immer öfter kommen die Nachwuchskräfte nicht mehr nach Rom an eine der päpstlichen Universitäten zum Studium, sondern machen ihre Ausbildung komplett in der Heimatregion. Einerseits geht dadurch eine gemeinsame Sprache verloren, die früher viele kirchliche Führungskräfte durch ihr Studium in Rom verbunden hat: das Italienische. Andererseits sorgt die Ausbildung vor Ort für eine stärkere Inkulturation. Selbstbewusst bringen nun diese Regionen ihre Standpunkte in die weltweite Diskussion ein.

Ein Kardinal beobachtete das in den Diskussionen in den Vorkonklaven 2005 und 2013. Während im Vorfeld der Wahl von Benedikt XVI. die Kardinäle aus den Ländern des Südens eher zurückhaltend agiert hätten, sei das in den Generalkongregationen vor der Wahl von Franziskus ganz anders gewesen. Sehr selbstbewusst hätten die Vertreter aus Afrika, Asien und Lateinamerika ihre Positionen vorgetragen und sich aktiv in die Debatte eingebracht. Ähnliches konnte man im synodalen Prozess zu Ehe und Familie beobachten. Vor allem die Bischöfe aus Afrika beteiligten sich intensiv an den Diskussionen in den beiden Synodenversammlungen. Dieses stärkere Selbstbewusstsein ist auch ein Ausdruck des Transformationsprozesses von der Westkirche zur Weltkirche. Dieser Übergang vollzieht sich, auch wenn bestimmte Kreise in der katholischen Kirche das nicht wahrhaben wollen oder ihn gar verhindern wollen.

Neben diesen eher internen Veränderungen gibt es eine ganze Reihe von externen Entwicklungen, die den Transformationsprozess beeinflussen und vielleicht auch verstärken. Dazu gehört die zunehmende Mobilität rund um den Globus. Ehemals eher kulturell homogene Gesellschaften werden zu Gesellschaften kultureller Vielfalt. Damit stellt sich die Frage nach dem Verhältnis der Konfessionen und Religionen in einem ganz anderen Ausmaß als noch vor wenigen Jahrzehnten. Das hat aber auch Auswirkungen auf die katholische Kirche in ihrem Innern. Denn es wird immer mehr erkennbar, dass diese – gern als einheitlich bezeichnete – Kirche in Wirklichkeit gar nicht so uniform ist. Der katholische Glaube wird schon seit jeher in Südafrika anders gelebt als in Südkorea, in Kanada anders als in Chile und in Deutschland anders als in Neuseeland. Bis vor wenigen Jahrzehnten war das Wissen darum allerdings sehr begrenzt; oder man wusste vielleicht darum, doch es fehlte die konkrete Erfahrung. In Zeiten gesteigerter Mobilität in der Freizeit und im Beruf ändert sich das.

Über das Internet und die sozialen Netzwerke können Glaubensvollzüge und kirchliche Ereignisse rund um den Globus in Echtzeit und im Original mitverfolgt werden. Das schafft eine Unmittelbarkeit, die es so früher nicht gab. Dadurch wird für jeden Gläubigen die polyzentrische Weltkirche direkt erfahrbar. Wurden früher einzelne Vorgänge nur lokal diskutiert, geschieht das heute über das Internet global. Das stellt die Gläubigen, aber auch die Bischöfe und den Papst vor große Herausforderungen. Denn oft fehlt es am Wissen um Hintergründe, Zusammenhänge und Besonderheiten der konkreten Situation, um wirklich global diskutieren zu können. Kulturelle Unterschiede und Ungleichzeitigkeit in der gesellschaftlichen und kirchlichen Situation werden offensichtlich und spürbar. Das wird noch verstärkt durch die Haltung von Papst Franziskus. Er wünscht eine offene Diskussion, bei der es keine Tabus geben soll. Damit ist die Möglichkeit gering, dass Unterschiede und Differenzen unter den Tisch gekehrt und Probleme verschwiegen werden.

Das zeigte sich bei den beiden Synoden zu Ehe und Familie im Oktober 2014 und 2015. Papst Franziskus stellte zum Abschluss fest: »Und – jenseits der vom Lehramt der Kirche genau definierten dogmatischen Fragen – haben wir auch gesehen, dass das, was einem Bischof eines Kontinentes als normal erscheint, sich für den Bischof eines anderen Kontinents als seltsam, beinahe wie ein Skandal herausstellen kann – beinahe! –; was in einer Gesellschaft als Verletzung eines Rechtes angesehen wird, kann in einer anderen eine selbstverständliche und unantastbare Vorschrift sein; was für einige Gewissensfreiheit ist, kann für andere nur Verwirrung bedeuten.« Das führt bei nicht wenigen Katholiken, bis hin zu Bischöfen und Kardinälen, zu Unbehagen, weil ein als sicher und einheitlich geglaubtes Gefüge sich nun als das zeigt und erlebt wird, was es ist: uneinheitlich, polyzentrisch und pluriform. Die katholische Weltkirche ist in sich bereits eine »Einheit in Verschiedenheit«. Das hat Auswirkungen auf die Erscheinungsform der katholischen Kirche selbst, aber auch auf ihr Verhältnis zur Welt, zu anderen Konfessionen und Religionen. Die große Frage ist außerdem, wie viel Einheitlichkeit sein muss, damit man bei aller Verschiedenheit von der »einen, katholischen Kirche« sprechen kann. Papst Franziskus gibt einige Eckpunkte vor, die aus seiner Sicht helfen können, Antworten auf diese Fragen zu finden und den vonstatten gehenden Transformationsprozess zu gestalten.

Kirche 4.0
oder: Die Mitte hört auch auf die Ränder

Kirche weiter zu denken im Sinne von Franziskus bedeutet angesichts der Herausforderungen des sich vollziehenden Transformationsprozesses vor allem, sich von der Vorstellung der katholischen Kirche als monolithischem Block, der überall auf der Welt mit den identischen Lösungen auf die Fragen der Menschen antwortet, zu verabschieden. Die vergangenen Jahrzehnte haben gezeigt, dass es nicht nur um ein bisschen Volksfrömmigkeit und Gottesdienste in der Landessprache geht. Das reicht nicht aus. Im Verlauf des synodalen Prozesses zu Ehe und Familie wurde seit 2014 erkennbar, dass ganz substanzielle Dimensionen des katholischen Glaubens betroffen sind. Auf dem Weg der für Oktober 2019 angekündigten Sondersynode für das Amazonasgebiet wird sich das etwa bei den Diskussionen um Viri probati – »bewährte Männer«, die trotz Ehe zu Priestern geweiht werden könnten – wieder zeigen.

Eine arme und barmherzige Kirche, die den Menschen in seiner konkreten Situation in den Mittelpunkt rückt, braucht ein Instrumentarium, um diesem Anspruch gerecht werden zu können. Dogmen und Regeln allein reichen da nicht aus. Es rückt der einzelne Glaubende stärker in den Blick – als Objekt kirchlichen Handelns, aber nun auch viel mehr als bisher als Subjekt im Glaubenshandeln und Glaubensleben. Es geht um ein entsprechendes Handeln, und zwar selbstbestimmt, dem eigenen Gewissen folgend. Hier kommt ein weiterer wichtiger Begriff ins Spiel: die Unterscheidung. Inkulturation, Gewissen, Unterscheidung sowie die Frage nach der Einheit in der Vielfalt sind Stichworte, die aus Sicht von Papst Franziskus für den Glauben im 21. Jahrhundert und für die Zukunft der Kirche entscheidend sind. Allerdings bedeuten diese Begriffe und Dimensionen einen Verlust an Macht und Kontrolle für die

Kirchenleitung gegenüber den Gläubigen im Allgemeinen und für den Vatikan gegenüber den Ortskirchen im Besonderen.

Daher gibt es Teile in der katholischen Kirche, die verhindern möchten, dass die Kirche den Weg beschreitet, den Papst Franziskus vorgibt. Ihre Motive sind dabei vielschichtig. Die einen wollen keine Macht abgeben, andere sehen die Gefahr, dass die Kirche vom rechten katholischen Glauben abkommt und der Papst zum Häretiker wird. Es ist nicht ganz klar, worin ihre Antwort auf die Herausforderungen besteht, die der beschriebene Transformationsprozess für die katholische Kirche darstellt. Es scheint eine Wagenburgmentalität, gepaart mit dem krampfhaften Festhalten an einer theologischen Lehre und Ekklesiologie, zu sein, die vor allem in der nachreformatorischen Zeit bis ins 19. Jahrhundert hinein geprägt wurde. Doch die Kirchengeschichte hat gezeigt: Die katholische Kirche kann nur sich selbst, ihrem Auftrag und ihrem Gründer treu bleiben, wenn sie sich verändert. In einer globalisierten Welt kultureller Vielfalt, die durch einen unentwegten Informationsfluss und immer neue Möglichkeiten gekennzeichnet ist, die durch technischen Fortschritt vor ungeahnten ethischen Herausforderungen steht und angesichts immer stärker werdender Populismen und neuer nationalistischer Tendenzen droht, auf eine Zeit neuer Konflikte zuzugehen, muss die Kirche Bewährtes neu denken und sagen. Sonst wird sie implodieren, weil die inneren Spannungen irgendwann so groß werden, dass Konflikte nicht mehr unter der Decke gehalten oder entschärft werden können. Wenn die Kirche nicht weiter gedacht wird, verliert sie zudem weiter an gesellschaftlicher Relevanz und an gesellschaftsprägender Kraft. Es ist also Zeit zum Handeln.

»Wir können nicht verlangen, dass alle Völker aller Kontinente in ihrem Ausdruck des christlichen Glaubens die Modalitäten nachahmen, die die europäischen Völker zu einem bestimmten Zeitpunkt der Geschichte angenommen haben, denn der Glaube kann nicht in die Grenzen des Verständnisses und der Ausdrucksweise einer besonderen Kultur eingeschlossen werden«, erklärt Papst Franziskus in seinem programmatischen Schreiben *Evangelii gaudium* gleich zu Beginn des Pontifikats und kommt zu dem Schluss, dass »eine einzige Kultur das Erlösungsgeheimnis Christi nicht erschöpfend darstellen« könne (EG 118). Die Ausführungen in *Evangelii gaudium* zur Inkulturation haben lange Zeit wenig Beachtung gefunden. Doch sie sind ein entscheidender Schlüssel, um die Ekklesiologie, die Kirchenlehre, des ersten Papstes aus Lateinamerika besser verstehen zu können. Unter der Überschrift »Ein Volk in vielen Gesichtern« (EG 115ff) warnt Franziskus davor, dass es der Logik der Menschwerdung nicht gerecht werde, »an ein monokulturelles und eintöniges Christentum zu denken« (EG 117). In einem Gespräch mit Jesuiten im Oktober 2016 sprach Franziskus davon, dass in der Geschichte der Kirche »ein hegemoniales Konzept des römischen Zentralismus« eine echte Inkulturation verhindert habe. Der Papst spricht hier zwar über die Zeit der Missionare im 16. und 17. Jahrhundert und deren Umgang mit den Indigenen in Südamerika oder Asien. Doch es ist genau die Zeit und das Denken, das die Tradition prägt, auf die sich viele Gegner von Papst Franziskus beziehen. Er betont bei dieser Gelegenheit, dass seit dem II. Vatikanischen Konzil der Prozess der Inkulturation eine immer größere Bedeutung bekomme.

Sucht man allerdings den Begriff »Inkulturation« in den Dokumenten des II. Vatikanums, wird man ihn nicht finden. Doch der Sache nach ist er dort grundgelegt. In der Pastoralkonstitution *Gaudium et spes* wird betont, dass die Kirche in ihrer Geschichte gelernt habe, »die Botschaft Christi in der Vorstellungswelt und Sprache der verschiedenen Völker auszusagen« (GS 44). Es ist von einer »angepassten Verkündigung« die Rede, die ein »Gesetz der Evangelisierung« sei. In jedem Volk werde »die Fähigkeit, die Botschaft Christi auf eigene Weise auszusagen, entwickelt und zugleich der lebhafte Austausch zwischen der Kirche und den verschiedenen nationalen Kulturen gefördert«. Später ist noch von der gegenseitigen Bereicherung von Kultur und Kirche die Rede (vgl. GS 58). Das Dokument *Ad gentes* über die Missionstätigkeit der Kirche wird noch deutlicher: »Das christliche Leben wird dem Geist und der Eigenart einer jeden Kultur angepasst; die besonderen Traditionen, zusammen mit den vom Evangelium erleuchteten Gaben der verschiedenen Völkerfamilien, werden in die katholische Einheit hineingenommen. So haben schließlich die jungen Teilkirchen mit dem ganzen Reichtum ihrer Überlieferung ihren Platz in der kirchlichen Gemeinschaft, unter voller Wahrung des Primates des Stuhles Petri, der in der ganzen Gemeinschaft der Liebe den Vorsitz führt« (AG 22). Das Wort Gottes, so Johannes Paul II. bei einem Treffen mit der Päpstlichen Bibelkommission im April 1979, habe zu allen Zeiten Modi gefunden, um sich in den verschiedenen Kulturen auszudrücken. Wenige Monate später spricht der Papst in dem nachsynodalen Schreiben *Catechesis tradendae* erstmals in einem lehramtlichen Dokument im Kontext der »Inkarnierung der Botschaft in den Kulturen« von Inkulturation.

Dieser Gedanke der Inkarnation Gottes in die Welt und damit in alle Zeiten und Kulturen ist die Basis für die Überlegungen von Papst Franziskus zur Inkulturation. Dabei geht es für ihn nicht nur um die Frage der Liturgie. Diese ist ein Aspekt; doch gerade am Beispiel der Volksfrömmigkeit wird deutlich, dass der inkarnatorische Gedanke viel weiter zu fassen ist. »Die Ausdrucksform der Wahrheit kann vielgestaltig sein. Und die Erneuerung der Ausdrucksformen erweist sich als notwendig, um die Botschaft vom Evangelium in ihrer unwandelbaren Bedeutung an den heutigen Menschen weiterzugeben«, zitiert er in *Evangelii gaudium* seinen Vorgänger Johannes Paul II. (EG 41). Franziskus ist sich bewusst, dass diese »Vielgestaltigkeit« zu Verunsicherung führen kann. Dennoch hält er daran fest. »Die verschiedenen Richtungen des philosophischen, theologischen und pastoralen Denkens können, wenn sie sich vom Geist in der gegenseitigen Achtung und Liebe in Einklang bringen lassen, zur Entfaltung der Kirche beitragen, weil sie helfen, den äußerst reichen Schatz des Wortes besser deutlich zu machen. Denjenigen, die sich eine monolithische, von allen ohne Nuancierungen verteidigte Lehre erträumen, mag das als Unvollkommenheit und Zersplitterung erscheinen. Doch in Wirklichkeit hilft diese Vielfalt, die verschiedenen Aspekte des unerschöpflichen Reichtums des Evangeliums besser zu zeigen und zu entwickeln« (EG 40). Er verweist an dieser Stelle auf Thomas von Aquin, der in seiner *Summa Theologiae* feststelle, »›dass die Unterscheidung und Vielheit der Dinge aus der Absicht des ersten Wirkenden stammt‹, dessen, der will, ›dass das, was dem einen Geschöpfe in der Darstellung der göttlichen Güte fehlt, aus einem anderen ergänzt wird‹, weil seine Güte ›durch ein einzelnes Geschöpf nicht hinreichend dargestellt werden kann‹«. Es sei daher nötig, so Franziskus, dass wir »uns in unserer partiellen Wahrnehmung der Wirklichkeit und des Evangeliums gegenseitig ergänzen«. Was das konkret bedeuten kann, führt Franziskus in seinen lehramtlichen Schreiben vor. So zitiert er immer wieder Dokumente einzelner Bischofskonferenzen und zeigt dadurch, dass er ihnen eine gewisse »authentische Lehrautorität« zugesteht. Es ist neu, dass die Arbeit der Ortskirchen auf diesem Wege für die Gesamtkirche fruchtbar gemacht wird. Franziskus verabschiedet sich von einem reinen Top-Down-Modell und verschränkt Ortskirche und Universalkirche neu. Indem er die Stimmen derer »am Rand« aufgreift, kann er zudem erzwingen, dass sie gehört werden.

Er geht aber noch einen Schritt weiter. Die engere Vernetzung von Rom und den Ortskirchen könnte ja auch bedeuten, die ganze Kirche auf einen einheitlichen Kurs zu trimmen. Doch genau das Gegenteil ist der Fall. Angesichts der beschriebenen Entwicklungen in Kirche und Welt setzt Franziskus auf eine Dezentralisierung in Bezug auf organisatorische Belange, aber auch inhaltlicher Art. Am deutlichsten formuliert er das in der Einführung zu seinem Apostolischen Schreiben *Amoris laetitia*: »Selbstverständlich ist in der Kirche eine Einheit der Lehre und der Praxis notwendig; das ist aber kein Hindernis dafür, dass verschiedene Interpretationen einiger Aspekte der Lehre oder einiger Schlussfolgerungen, die aus ihr gezogen werden, weiterbestehen. Dies wird so lange geschehen, bis der Geist uns in die ganze Wahrheit führt (vgl. Joh 16,13), das heißt bis er uns vollkommen in das Geheimnis Christi einführt und wir alles mit seinem Blick sehen können. Außerdem können in jedem Land oder jeder Region besser inkulturierte Lösungen gesucht werden, welche die örtlichen Traditionen und Herausforderungen berücksichtigen« (AL 3). Zur Begründung verweist Franziskus auf seine Gedanken, die er zum Abschluss der Bischofssynode Ende Oktober 2015 formuliert hatte: »Tatsächlich sind die Kulturen untereinander sehr verschieden, und jeder allgemeine Grundsatz [...] muss inkulturiert werden, wenn er beachtet und angewendet werden soll.« Der Spielraum hat allerdings auch seine Grenzen. Als Franziskus erkennen muss, dass sein Schreiben *Amoris laetitia* in Bezug auf den Kommunionempfang für wiederverheiratete Geschiedene gegensätzlich interpretiert wird, spricht er ein Machtwort. Ungewöhnlich ist dabei das Verfahren. Denn er macht es nicht öffentlich, sondern durch einen Verwaltungsakt. Er lässt im päpstlichen Amtsblatt, den *Acta Apostolicae Sedis,* eine Handlungsanweisung der Bischöfe der Seelsorgeregion Buenos Aires und seinen wohlwollenden Brief dazu veröffentlichen mit dem Hinweis, dass das nun als authentisches Lehramt gelte. Die argentinischen Bischöfe sehen darin unter bestimmten Bedingungen einen Kommunionempfang vor.

An dieser Stelle ist es vielleicht hilfreich, die Grundprinzipien des Handelns von Papst Franziskus kurz zu beleuchten, die er in seiner Programmschrift *Evangelii gaudium* näher erläutert. Er bezieht sie dort zunächst auf die Frage nach dem Frieden zwischen und innerhalb von Nationen, überträgt dann aber jedes Prinzip auch auf das Handeln der Kirche. Immer wieder kommt Franziskus in Ansprachen und Texten auf diese Grundsätze zurück.

Das erste Prinzip könnte ein Schlüssel dafür sein, wie Franziskus die Veränderungsprozesse sieht, die er in der katholischen Kirche anstoßen möchte. Es gilt: »Die Zeit ist mehr wert als der Raum.« »Dieses Prinzip erlaubt uns, langfristig zu arbeiten, ohne davon besessen zu sein, sofortige Ergebnisse zu erzielen« (EG 223). Dem Raum Vorrang zu geben bedeute, sich vorzumachen, alles in der Gegenwart lösen zu können. »Der Zeit Vorrang zu geben bedeutet, sich damit zu befassen, Prozesse in Gang zu setzen, anstatt Räume zu besitzen« (EG 223). Dieses Prinzip helfe auch, »schwierige und widrige Situationen mit Geduld zu ertragen oder Änderungen bei unseren Vorhaben hinzunehmen, die uns die Dynamik der Wirklichkeit auferlegt« (ebd.). Franziskus spricht in diesem Zusammenhang davon, dass es notwendig sei, »Prozesse mit langem Atem« anzugehen. In seinem ersten großen Interview als Papst macht er deutlich, dass dieses Prinzip für ihn persönlich wie auch für Veränderungsprozesse insgesamt in der Kirche gilt. Schnellschüsse liebt er nicht. »Ich misstraue jedoch Entscheidungen, die improvisiert getroffen wurden. Ich misstraue immer der ersten Entscheidung, das heißt der ersten Sache, die zu tun mir in den Sinn kommt. Sie ist im Allgemeinen falsch. Ich muss warten, innerlich abwägen, mir die nötige Zeit nehmen. Die Weisheit der Unterscheidung gleicht die notwendige Zweideutigkeit des Lebens aus und lässt uns die geeignetsten Mittel finden, die nicht immer mit dem identisch sind, was als groß und stark erscheint.« In dem Interview mit den Jesuitenzeitschriften vom Sommer 2013 ist Franziskus bereits bewusst, dass der Weg für Reformen ein langer sein wird. »Ich glaube, dass man immer genügend Zeit braucht, um die Grundlagen für eine echte, wirksame Veränderung zu legen.«

Liest man diese Aussagen vor dem Hintergrund der späteren Entwicklungen um den synodalen Prozess zu Ehe und Familie, wird verständlich, was Franziskus meint. Mit großer Beharrlichkeit macht er immer wieder deutlich, wohin aus seiner Sicht der Weg gehen soll. Immer wieder kritisiert er diejenigen in der katholischen Kirche, die wie die Pharisäer und Schriftgelehrten zur Zeit Jesu den Menschen »so viele Gebote auferlegten« und bezeichnet sie als »Heuchler der Kasuistik«. Nur wer nicht hören will, kann sagen, Franziskus spreche nicht klar. Das gilt auch für sein erstes Fazit des synodalen Prozesses zu Ehe und Familie, wenn er Ende Oktober 2015 zum Abschluss der Synodenversammlung feststellt: »Die Erfahrung der Synode hat uns auch besser begreifen lassen, dass die wahren Verteidiger der Lehre nicht jene sind, die den Buchstaben verteidigen, sondern die, welche den Geist verteidigen; die nicht die Ideen, sondern den Menschen verteidigen; nicht die Formeln, sondern die Unentgeltlichkeit der Liebe Gottes und seiner Vergebung. Das bedeutet keineswegs, die Bedeutung der Formeln, sie sind notwendig, der Gesetze und der göttlichen Gebote zu schmälern, sondern die Größe des wahren Gottes zu preisen, der an uns nicht nach unseren Verdiensten und auch nicht nach unseren Werken, sondern einzig nach dem unbegrenzten Großmut seiner Barmherzigkeit handelt.«

Franziskus spricht hier ein zweites Grundprinzip seines Denkens und Handelns an: »Die Wirklichkeit ist wichtiger als die Idee.« Zwischen beiden müsse ein »ständiger Dialog hergestellt« werden. Denn, so Franziskus, die Idee dürfe sich nie von der Wirklichkeit lösen. Die Idee diene dazu, die Wirklichkeit zu erfassen und zu verstehen. Aber der Papst sieht eine große Gefahr: »Die von der Wirklichkeit losgelöste Idee ruft wirkungslose Idealismen und Nominalismen hervor, die höchstens klassifizieren oder definieren, aber kein persönliches Engagement hervorrufen« (EG 232). Was gern übersehen wird, aber diesem Prinzip durchaus große Autorität verleiht, ist die Tatsache, dass Franziskus es letztendlich theologisch begründet. »Dieses Kriterium ist verbunden mit der Inkarnation des Wortes und seiner Umsetzung in die Praxis« (EG 233).

An verschiedenen Stellen wird deutlich, was dieses Prinzip konkret bedeutet. Der starke Akzent auf der Volksfrömmigkeit bei Papst Franziskus ist ein Beispiel dafür. Und ein Zweites ist wichtig an dieser Stelle. Denkt man dieses Handlungsprinzip zu Ende, zeigt sich, dass Franziskus eine radikale Wende in der Herangehensweise an theologische Fragen begründet. Der erste Papst aus Lateinamerika wie überhaupt die Theologie und Kirche seines Heimatkontinents denken eher induktiv, während in der europäischen Denktradition der katholischen Kirche bisher eher deduktiv gearbeitet wurde: Man ging von bestimmten Prinzipien aus und applizierte diese auf die Realität.

An dieser Stelle kommen sofort wieder die Kritiker von Franziskus und werfen ihm vor, damit alles der Beliebigkeit anheimzugeben. Den Relativismus, den sein Vorgänger Benedikt XVI. versucht habe zu bekämpfen, mache Franziskus nun zum Grundprinzip kirchlichen Denkens und Handelns. Doch der Kritisierte selbst sieht in dem Primat der Wirklichkeit gegenüber der Idee einen Schutz gegen »die Totalitarismen des Relativen« (EG 231). Er will genau nicht, dass die Lehre allein an der konkreten Situation ausgerichtet wird nach dem Prinzip des »Alles ist möglich«. Immer wieder betont er, dass er »ein Sohn der Kirche« sei und zur Tradition stehe. Doch er sieht Möglichkeiten für neue Interpretationen und eine Weiterentwicklung der Lehre, die er als ein tieferes Eindringen und Verständnis der einen Wahrheit bezeichnen würde, sowie die Chance zur stärkeren Berücksichtigung der konkreten Situation der Menschen bei der Auslegung der traditionellen Lehre. Es reiche daher nicht, sich an Regeln, Dogmen und theologische Bücher zu halten. Diese besäßen Gültigkeit, müssten aber auf den Einzelfall heruntergebrochen werden. Dafür sei es notwendig, sich in der Fähigkeit des »discernimento«, der Unterscheidung, zu üben. »Der heilige Thomas von Aquin und der heilige Bonaventura bestätigen, dass das generelle Prinzip für alle gilt, aber, und das sagen sie ganz ausdrücklich, in dem Maße, in dem man mehr ins Detail gehe, diversifiziert es sich und nimmt Farbtöne an, ohne dass das Prinzip verändert wird.« Diese Methode wende der *Katechismus der katholischen Kirche* an; und das sei auch die Methode, die dem Schreiben *Amoris laetitia* zugrunde liege. »Die Moral in *Amoris laetitia* ist thomistisch«, unterstreicht Franziskus und positioniert sich damit klar gegenüber den Kritikern, die in *Amoris laetitia* einen Bruch mit der katholischen Lehrtradition sehen.

»Die Einheit wiegt mehr als der Konflikt« lautet das dritte große Handlungsprinzip, das Franziskus in *Evangelii gaudium* vorgibt (vgl. EG 226–230). Dabei geht es ihm nicht um ein Wegretuschieren von Konflikten, um Schönfärberei. »Es ist die Bereitschaft, den Konflikt zu erleiden, ihn zu lösen und ihn zum Ausgangspunkt eines neuen Prozesses zu machen.« Das gilt für die große Weltpolitik, für den Diskurs innerhalb von Nationen und Gesellschaften genauso wie für die Kirche in ihrem Innern und in ihrem Verhältnis zur Welt, zu anderen Konfessionen und Religionen. Man müsse über die Ebene des Konflikts hinausgehen »und den anderen in seiner tiefgründigsten Würde« sehen. »Es geht nicht darum, für einen Synkretismus einzutreten, und auch nicht darum, den einen im anderen zu absorbieren, sondern es geht um eine Lösung auf einer höheren Ebene, welche die wertvollen innewohnenden Möglichkeiten und die Polaritäten im Streit beibehält« (EG 228). Diesem Prinzip liegt die Idee zugrunde, dass es bei allen Unterschieden eine »tiefe Einheit der Wirklichkeit« gibt. Christlich gewendet steckt dahinter der Gedanke, dass letzten Endes alles von dem einen Gott und Schöpfer gehalten und getragen wird. Hier kommt der Gedanke der »versöhnten Verschiedenheit«, der aus Sicht von Papst Franziskus der Schlüssel für ein friedliches Miteinander von

Menschen ist. »Die Botschaft des Friedens ist nicht die eines ausgehandelten Friedens, sondern erwächst aus der Überzeugung, dass die Einheit, die vom Heiligen Geist kommt, alle Unterschiede in Einklang bringen kann« (EG 230).

Das verbindende »Eine« muss der Mensch immer im Blick haben, denn, so das vierte Handlungsprinzip von Papst Franziskus: »Das Ganze ist dem Teil übergeordnet.« Dabei müssten beide Pole miteinander vereint sein, um nicht in eines der beiden Extreme zu verfallen. »Man muss auf die globale Dimension achten, um nicht in die alltägliche Kleinlichkeit zu fallen. Zugleich ist es nicht angebracht, das, was ortsgebunden ist und uns mit beiden Beinen auf dem Boden der Realität bleiben lässt, aus dem Auge zu verlieren« (EG 234). Dieser kurze Hinweis auf die Ortsbindung darf nicht übersehen werden. Gerade wenn es um Fragen der kirchlichen Organisation geht, ist Franziskus die kleine Einheit wichtig. Das ist etwas anderes als die immer größer werdenden Pfarreien, die durch die – an der Priesterzahl orientierten – Umstrukturierungen in Deutschland seit einigen Jahren entstehen.

In einem Interview in seiner Zeit als Erzbischof von Buenos Aires erzählt Jorge Mario Bergoglio, wie er es mit der Pastoral in seiner Megacity hält: »Unsere Religionssoziologen sagen uns, dass sich der Einfluss einer Pfarrei auf einen Umkreis von 600 Metern erstreckt. In Buenos Aires liegen zwischen einer Pfarrei und der nächsten etwa 2000 Meter. Ich habe den Priestern damals gesagt: Wenn ihr könnt, mietet eine Garage, und wenn ihr den einen oder anderen disponiblen Laien auftreiben könnt, dann lasst ihn machen! Er soll sich um diese Leute hier kümmern, ein bisschen Katechese machen, ja, auch die Kommunion spenden, wenn er darum gebeten wird.« Auf den Einwand eines Pfarrers, die Leute kämen dann ja nicht mehr zum Gottesdienst in die Hauptkirche, reagierte Bergoglio gelassen mit der Gegenfrage, ob die Menschen denn jetzt zur Kirche kämen. Das musste der Pfarrer verneinen.

Das Fazit des Kardinals: »Und wenn schon!« In *Evangelii gaudium* klingt das dann so: »Man arbeitet im Kleinen, mit dem, was in der Nähe ist, jedoch mit einer weiteren Perspektive« (EG 235). Der einzelne Mensch oder die Gruppe, die sich in etwas Größeres einfügt, bewahrt nach der Vorstellung des Papstes seine persönliche Eigenart und verbirgt nicht seine Identität. »Er gibt sich nicht auf, sondern empfängt immer neue Anregungen für seine eigene Entwicklung. Es ist weder die globale Sphäre, die vernichtet, noch die isolierte Besonderheit, die unfruchtbar macht« (ebd.).

Franziskus verwendet dafür das Bild des Polyeders. Die Kirche, aber auch die globale Weltgemeinschaft sei nicht im Bild einer Kugel zu denken, »wo jeder Punkt gleich weit vom Zentrum entfernt ist und es keine Unterschiede zwischen dem einen und dem anderen Punkt gibt« (EG 236). Beim Polyeder würden die verschiedenen Teile, die zusammengefügt werden, ihre Eigenart bewahren. »Sowohl das pastorale als auch das politische Handeln sucht in diesem Polyeder das Beste jedes Einzelnen zu sammeln« (ebd.). Es besitzt viele (poly) Flächen (hedra), die in unterschiedlichen Winkeln zueinander angeordnet sind. »Der Polyeder ist eine Einheit, aber seine Teile sind alle verschieden; jedes hat seine Besonderheit, sein Charisma. Das ist die Einheit in der Vielfalt«, erklärt Franziskus bei seinem Besuch einer evangelikalen Gemeinde in Süditalien Ende Juli 2014. Anders als bei der Kugel ist es beim Polyeder äußert schwierig, ein Zentrum auszumachen, wenn es überhaupt eines gibt. Kardinal Walter Kasper spricht von einem »nicht unipolaren Ganzen«. Letztendlich kann es aus Sicht von Franziskus nicht darum gehen, Partikularinteressen auf Kosten eines größeren Ganzen durchzusetzen. Jedes Handeln muss gemeinwohlorientiert sein, ganz gleich, ob es um wirtschaftliches, politisches oder pastoral-kirchliches Handeln geht. Doch was bedeutet das Bild des Polyeders auf die Kirche übertragen? Oder trägt das Bild nur als Bild für die Ökumene?

Eine synodale Kirche
oder: Die neue Dynamik des Ganzen und der Teile

Die Idee des Polyeders auf die katholische Kirche zu übertragen, ist kein einfaches Unterfangen. Eigentlich gibt es dafür ein anderes Bild: die Pyramide. Sie ist streng hierarchisch aufgebaut; von der breiten Basis der Gläubigen, dem Volk, verjüngt sie sich über die Priester und Bischöfe bis hin zum Papst. So sieht das traditionelle Bild aus, entsprechend der Machtverteilung in der katholischen Kirche. Papst Franziskus verwendet dieses Bild auch gelegentlich; allerdings nur, um es auf den Kopf zu stellen. Er spricht dann von der umgedrehten Pyramide – wie bei einer seiner bisher wichtigsten Reden über die Kirchenverfassung beim 50-Jahr-Jubiläum der Bischofssynode im Oktober 2015. Jesus habe die Kirche gegründet und an ihre Spitze das Apostelkollegium gestellt, in dem der Apostel Petrus der »Fels« sei. Die Aufgabe des Petrus sei, die Brüder und Schwestern im Glauben zu stärken. Franziskus spricht nicht von Regieren. »Doch in dieser Kirche befindet sich der Gipfel wie bei einer auf den Kopf gestellten Pyramide unterhalb der Basis. Darum werden diejenigen, welche die Autorität ausüben, ›ministri – Diener‹ genannt, denn im ursprünglichen Sinn des Wortes ›minister‹ sind sie die Kleinsten von allen. Im Dienst am Volk Gottes wird jeder Bischof für den ihm anvertrauten Teil der Herde zum vicarius Christi, zum Stellvertreter jenes Jesus, der sich beim Letzten Abendmahl niedergekniet hat, um den Aposteln die Füße zu waschen (vgl. Joh 13,1–15). Und in gleicher Sichtweise ist der Nachfolger Petri nichts anderes als der servus servorum Dei – der Diener der Diener Gottes.«

Das Bild einer pyramidalen Kirche entspricht zwar der traditionellen Vorstellung von katholischer Kirche, doch es entspricht nicht der Idee von Papst Franziskus. Das macht er in einem Interview zum Abschluss des Außerordentlichen Heiligen Jahres der Barmherzigkeit deutlich. »Entweder gibt es eine pyramidale

Kirche, wo man das macht, was Petrus [also der Papst] sagt, oder es gibt eine synodale Kirche, in der Petrus Petrus ist, aber die Kirche begleitet, sie wachsen lässt, sie hört. Mehr noch, er lernt von dieser Realität und führt zusammen, unterscheidet das, was von den Kirchen kommt, und gibt es zurück.« Als Beispiel für einen solchen Prozess nennt er den synodalen Weg zu Ehe und Familie, der in sein Schreiben *Amoris laetitia* mündet. Petrus, der Papst, sei bei diesem ganzen Vorgang der Garant der Einheit, so Franziskus.

Die Kirche der Zukunft ist aus Sicht von Papst Franziskus eine »synodale Kirche«. In dem bereits erwähnten Vortrag zum 50-Jahr-Jubiläum der Bischofssynode erinnert der Pontifex an den heiligen Johannes Chrysostomos (344–407). Der Kirchenlehrer prägte den Gedanken, dass »Kirche und Synode Synonyme sind«. Synodalität wird demnach zur »konstitutiven Dimension der Kirche«. Dabei entspricht die Bedeutung des Wortes Synode genau dem, wie Papst Franziskus Kirche definiert. Das griechische Wort *sýnodos* bedeutet »Versammlung«, das Verb *sýnodeúo* »mitgehen« oder »begleiten«; *odós* ist der »Weg« und die »Türschwelle«. Eine »synodale Kirche« ist also eine Kirche, die gemeinsam auf dem Weg ist, die gemeinsam eine Türschwelle übertritt und sich versammelt. Übrigens deutet Franziskus diese Idee bereits bei seinem ersten Auftritt als Papst nach der Wahl an, als er sagt: »Und jetzt beginnen wir diesen Weg – Bischof und Volk –, den Weg der Kirche von Rom, die den Vorsitz in der Liebe führt gegenüber allen Kirchen; einen Weg der Brüderlichkeit, der Liebe, des gegenseitigen Vertrauens.«

Wie sieht nun diese synodale Kirche aus? Die Synodalität erschöpft sich nicht in der Bischofssynode. Darauf weist Franziskus ausdrücklich hin. »In einer synodalen Kirche ist die Bischofssynode nur der sichtbarste Ausdruck einer Dynamik der Gemeinschaft, die alle kirchlichen Entscheidungen inspiriert. Die erste Ebene einer Praxis der Synodalität wird in den Teilkirchen verwirklicht.« Aus diesem Grund lässt Papst Franziskus seit 2014 auf zwei verschiedenen Ebenen das Thema Synodalität eingehender studieren. Zum einen beschäftigt sich das Sekretariat der Bischofssynode mit Überlegungen zur Revision der Statuten und des Prozedere des Instruments der Bischofssynoden im Vatikan. Zum anderen arbeitet die Internationale Theologenkommission am Thema Synodalität. Hier soll untersucht werden, wie dieses Prinzip auf allen Ebenen der katholischen Kirche gelebt werden und wie eine synodale Kirche aussehen kann.

Die Kollegialität bezieht sich allein auf das Miteinander der Bischöfe sowie auf ihr Verhältnis zum Papst. Darüber hat sich das II. Vatikanische Konzil intensiv Gedanken gemacht und die Kollegialität der Bischöfe gestärkt. Sie ist damit eine Dimension der synodalen Kirche; sie darf aber nicht mit ihr synonym gesetzt werden und die Synodalität darf sich auch nicht in der Kollegialität erschöpfen. Auf weltkirchlicher Ebene ist das in den letzten Jahrzehnten vielleicht der Fall gewesen. Man konnte den Eindruck gewinnen, dass über die Bischofssynoden das synodale Element der Kirche abgedeckt ist. Sieht man aber einen ganz entscheidenden Aspekt der Synodalität der Kirche, wird deutlich, dass das nicht so ist. Denn bei der Bischofssynode in ihrer bisher praktizierten Form sind die Bischöfe die entscheidend Handelnden. Zwar ist auch immer eine kleine Zahl von Experten und sogenannten Auditoren, darunter Laien, an den Beratungen beteiligt. Doch de facto ist es, wie der Name schon sagt, eine Bischofsveranstaltung.

Synodalität hat aber eine andere Bedeutung. Darauf weist Papst Franziskus beim Synodenjubiläum unter Bezugnahme auf das Allgemeine Priestertum aller Getauften hin. »Der sensus fidei [der Glaubenssinn] verbietet, starr zwischen Ecclesia docens [der lehrenden Kirche] und Ecclesia discens [der lernenden Kirche] zu unterscheiden, weil auch die Herde einen eigenen ›Spürsinn‹ besitzt, um neue Wege zu erkennen, die der Herr für die Kirche erschließt.« Daher sei eine synodale Kirche eine Kirche des Zuhörens. »Es ist ein wechselseitiges Anhören, bei dem jeder etwas zu lernen hat: das gläubige Volk, das Bischofskollegium, der Bischof von Rom – jeder im Hinhören auf die anderen und alle im Hinhören auf den Heiligen Geist, den ›Geist der Wahrheit‹ (Joh 14,17), um zu erkennen, was er ›den Kirchen sagt‹ (vgl. Offb 2,7).«

In Bezug auf die Teilkirchen hat sich in der Folge des II. Vatikanischen Konzils bereits einiges in diese Richtung entwickelt. Es gibt auf Pfarrei- und Diözesanebene verschiedene Beratungsgremien, in denen Klerus und Laien einander anhören und wo über organisatorische Dinge und seelsorgliche Belange gesprochen wird. Franziskus verpflichtet Priester und Bischöfe immer wieder darauf, die Beratungsgremien ernst zu nehmen. »Sind die Diözesanräte und jene auf Pfarreiebene für die Pastoral und die wirtschaftlichen Angelegenheiten wirkliche Räume für die Teilnahme der Laien an der Beratung, der Organisation und der pastoralen Planung? Das gute Funktionieren der Räte ist entscheidend.« Eine synodale Kirche ist demnach eine Kirche, in der das Volk Gottes, Hirten und Herde, gemeinsam unterwegs sind. Auf der Ebene der Teilkirche, also des Bistums, sind das etwa der Priesterrat, das Kathedralkapitel, der Pastoralrat und der Diözesanrat. »Nur in dem Maß, in dem diese Organismen mit der ›Basis‹ verbunden bleiben und vom Volk, von den Problemen des Alltags ausgehen, kann eine synodale Kirche allmählich Gestalt annehmen: Diese Instrumente, die sich manchmal mühselig dahinschleppen, müssen als Gelegenheit zum Zuhören und zum Teilen erschlossen werden«, mahnt Franziskus.

Was der Papst nicht sagt: Die Attraktivität der Gremien hängt auch davon ab, inwieweit sie wirklich in Entscheidungen eingebunden sind. Als reine Alibiveranstaltung für beratungsresistente Entscheider verlieren sie schnell an Reiz für die Mitarbeitenden. Denn spannend wird es bei der Frage, wie dann am Ende Entscheidungen zustandekommen. Diese fallen eher nicht nach demokratischen Prinzipien, sondern hier kommt dann doch wieder die

Unterscheidung der Ämter und Charismen zum Tragen. Denn für Franziskus scheint klar zu sein, dass am Ende eines jeden Prozesses des Zuhörens und des Beratens der Priester, der Bischof oder eben er als Papst entscheidet. Verbunden mit der Aufforderung, den Rat bei der Entscheidung mit einzubeziehen, und der Mahnung, dass die Ämter in der Kirche immer einen Dienstcharakter haben, bedeutet das in der Theorie eine klare Absage an jegliche selbstherrliche Regentschaft durch den Klerus in der Kirche. Doch die Frage ist, wie weit das in der Praxis so verwirklicht wird.

»Die Synode ist kein Parlament, wo man für einen Konsens eine gemeinsame Abmachung trifft, Verhandlungen führt, Vergleiche oder Kompromisse schließt«, wird Franziskus nicht müde zu betonen. Am Ende der Außerordentlichen Synode 2014 machte er auch deutlich, wer am Ende in der Kirche das Sagen hat: er selbst, der Papst. »Jede persönliche Willkür beiseite lassend ist er [der Papst] dem Willen Christi gemäß der ›oberste Hirte und Lehrer aller Gläubigen‹ (CIC 749), dazu hat er ›die volle ordentliche Autorität, die oberste, volle, unmittelbare und universale in der Kirche‹ (CIC 331–334).« Dieser klare Verweis auf den Primat des Papstes in der katholischen Kirche ließ viele aufhorchen. Passte er doch so gar nicht zum Bild des netten Franziskus, der auf Beratung, Kollegialität und Synodalität aus ist. Interessant war, dass nach dieser Rede konservative wie liberale Kreise in der katholischen Kirche die Luft anhielten. Die Liberalen, weil sie glaubten, die Zeiten seien vorbei, in denen der Papst auf seinen Primatsanspruch pocht; die Konservativen, weil sie Franziskus nicht über den Weg trauten und Sorge hatten, er werde mit Verweis auf seinen Jurisdiktionsprimat Reformen in der Kirche durchsetzen. Franziskus kennt dieses Prozedere aus der Tradition seines Ordens. Der Jesuitenobere muss vor einer Entscheidung mit den vorgesehenen Gremien beraten, entscheidet dann aber völlig frei und ist dabei auch niemandem verantwortlich. Die Achillesferse der synodalen Kirche bleibt also die Persönlichkeit des Priesters, Bischofs oder Papstes. Sieht er sein Amt als Dienstamt für die jeweilige kirchliche Einheit, für die er Verantwortung trägt, kann es funktionieren. Muss es aber nicht. Das ist eine Frage des Zueinanders der Charismen und Ämter in der katholischen Kirche sowie der Auswahl der Amtsinhaber.

Franziskus nimmt für sich nicht in Anspruch, bereits den idealen Weg für die schwierige Umsetzung der synodalen Kirche in die Praxis gefunden zu haben. Der synodale Weg zu Ehe und Familie war ein Versuch. Er startete im Herbst 2013 mit einer weltweiten Umfrage. Im Februar 2014 gab es erste Beratungen beim Treffen aller Kardinäle im Vatikan, gefolgt von den beiden Bischofssynoden im Oktober 2014 und im Oktober 2015. Am Ende wurde dem Papst ein Abschlussdokument übergeben, das als Basis für das nachsynodale Schreiben *Amoris laetitia* diente, das Franziskus im April 2016 veröffentlichte. Über zwei Jahre wurde in der katholischen Kirche intensiv über Ehe und Familie diskutiert, in den Bistümern, in katholischen Akademien und anderen Bildungseinrichtungen wie den theologischen Fakultäten. Unabhängig von den Ereignissen in Rom und von *Amoris laetitia* hatte Franziskus damit etwas erreicht, was es bisher in dieser Form nicht gab. Einen derart breiten Diskurs über einen Themenkomplex, synchron und über den ganzen Globus hinweg, hatte es in der katholischen Kirche noch nicht gegeben. Sowohl durch die Publikation des unter den Kardinälen kontrovers diskutierten Textes, den Kardinal Walter Kasper im Februar 2014 zum Thema »Ehe und Familie« im Konsistorium vorgetragen hatte, als auch durch die Schlussdokumente der beiden Synoden von 2014 und 2015 war immer auch eine Rückbindung an die Diskussionen in Rom gegeben. Das ist eine Kirche, die gemeinsam auf dem Weg ist, wie Papst Franziskus das ausdrückt. Dieser Weg ist mit *Amoris laetitia* noch nicht abgeschlossen, sondern setzt sich in den Auseinandersetzungen um die Auslegung des Dokuments und die daraus zu ziehenden Konsequenzen fort. Es ist eine Diskussion, die aus Sicht des Papstes aber durchaus zielgerichtet ist und dem Zweck dient, einen größtmöglichen Konsens herzustellen, was nicht mit einem Kompromiss verwechselt werden darf. Angesprochen auf die Diskussionen um *Amoris laetitia,* betont Papst Franziskus gern, dass das Papier nicht über das Abschlussdokument der Bischofssynode vom Oktober 2015 hinausgehe. »Alles, was dort drinsteht [in *Amoris laetitia*], wurde in der Synode von mehr als zwei Dritteln der Väter approbiert.« Für Franziskus ist dies ein Ausweis dafür, dass eine große Einmütigkeit unter den Synodenvätern über die diskutierten Inhalte besteht.

Am synodalen Prozess zu Ehe und Familie zeigt sich, was Synodalität für die katholische, polyzentrische Kirche bedeutet. Sie hat verschiedene Dimensionen. Carlos Maria Galli beschreibt die Synodalität als »die Form, die Verbindung zwischen Autorität und Partizipation in der Kirche zu leben«. Galli lebt in Buenos Aires. Er hat unter Leitung des damaligen Erzbischofs von Buenos Aires, Kardinal Jorge Mario Bergoglio, 2007 im Redaktionsteam des Abschlussdokuments von Aparecida gearbeitet. Franziskus holte ihn später in die Internationale Theologenkommission, wo er in der Arbeitsgruppe zur Synodalität mitarbeitet. »Die Synodalität ist die Wurzel einer neuen Art und Weise, die Gaben des christlichen Volkes, den Episkopat und den Primat gemäß der Logik von *Lumen gentium* harmonisch miteinander zu verbinden«, fasst Galli das Konzept zusammen. Hier spielt wieder ganz entscheidend das Allgemeine Priestertum und der Glaubenssinn der Gläubigen eine Rolle. Die Internationale Theologenkommission war noch von Benedikt XVI. beauftragt worden, dieses Thema näher zu betrachten. Das Abschlussdokument von 2014 mit dem Titel *Sensus fidei im Leben der Kirche* ist eine gute Grundlage für die aktuelle Debatte über die Synodalität. Das Papier weist darauf hin, dass es in der Geschichte immer partizipative Elemente gegeben hat. »Die Praxis, die Gläubigen zu konsultieren, ist nicht neu im Leben der Kirche.

In der mittelalterlichen Kirche wurde ein Prinzip des römischen Gesetzes angewendet: ›Quod omnes tangit, ab omnibus tractari et approbari debet‹ (was jeden betrifft, sollte von allen diskutiert und anerkannt werden). In den drei Bereichen des kirchlichen Lebens (Glaube, Sakramente, Regierung) ›hat die Tradition eine hierarchische Struktur mit einer konkreten Ordnung von Teilhaberschaft und Zustimmung verbunden‹ und dies wurde als ›apostolische Praxis‹ oder ›apostolische Überlieferung‹ betrachtet.«

Die Päpstliche Theologenkommission ging übrigens auch der Frage nach, was denn ist, »wenn die Mehrheit der Gläubigen den vom Lehramt getroffenen Entscheidungen, welche die Lehre oder die Sitten betreffen, gegenüber gleichgültig bleibt oder diese geradezu ablehnt«. Darauf gebe es zwei Antworten, so die päpstlichen Theologieexperten. Entweder liege das an der »Schwäche oder dem Fehlen des Glaubens seitens des Gottesvolkes«. Oder aber: »In einigen Fällen könnte es anzeigen, dass gewisse Entscheidungen ohne die angemessene Beachtung der Erfahrung und des ›Sensus fidei‹ der Gläubigen von den Ermächtigten getroffen wurden oder ohne ausreichende Konsultation der Gläubigen durch das Lehramt.« Die zweite Alternative ist für ein vatikanisches Dokument durchaus erstaunlich, immerhin ist die Theologenkommission organisatorisch an die Glaubenskongregation angegliedert und ihr Präsident zugleich der oberste Glaubenshüter. Die Frage ist nur: Wer stellt fest, woran es liegt, dass eine Lehre nicht angenommen wird und Ursache A oder B zugrunde liegt? Das zu klären, ist eine Aufgabe, die im Kontext der Diskussionen über die Synodalität und ihre konkrete Umsetzung zu leisten ist. Und es bleibt das Problem, dass jenseits der Diözesangrenzen bisher bei allen synodalen Strukturen die Laien nur beratende Funktion haben. Einzig bei der Diözesansynode haben Laien ein Stimmrecht. Schon zu den Partikularkonzilien können sie nur mit »beratendem Stimmrecht« eingeladen werden.

Eine dezentralisierte Kirche
oder: Sich nicht mehr hinter Rom verstecken

Partizipation und Mitverantwortung der universitas fidelium, des Gottesvolkes, auf den verschiedenen Ebenen ist eine Dimension der Synodalität. Das Zusammenwirken des Episkopats mit dem Papst auf oberster weltkirchlicher Ebene ist eine andere. Doch Synodalität erschöpft sich längst nicht in diesen beiden Varianten. Zwischen der einzelnen Teilkirche, also der Diözese, und der universalkirchlichen Ebene gibt es noch weitere Instanzen einer synodalen Kirche. Zum Teil bestehen sie bereits, müssen aber weiter ausgebaut werden wie etwa die Bischofskonferenzen oder die Partikularsynoden; zum Teil müssen angesichts der veränderten Herausforderungen aber auch neue Ideen einer synodalen Kirche gedacht werden. Rücken diese Formen der Synodalität näher in den Blick und werden sie konsequent angewandt, bedeutet das im gleichen Schritt eine stärkere Dezentralisierung der katholischen Kirche, die Papst Franziskus immer wieder als erstrebenswert bezeichnet. Denn er ist überzeugt, »eine übertriebene Zentralisierung kompliziert das Leben der Kirche und ihre missionarische Dynamik, anstatt ihr zu helfen« (EG 32). Die Erneuerung der katholischen Kirche hin zu einer missionarischen Kirche ist das oberste Ziel von Franziskus. »Ich träume von einer missionarischen Entscheidung, die fähig ist, alles zu verwandeln, damit die Gewohnheiten, die Stile, die Zeitpläne, der Sprachgebrauch und jede kirchliche Struktur ein Kanal werden, der mehr der Evangelisierung der heutigen Welt als der Selbstbewahrung dient« (EG 27).

Beim Stichwort Dezentralisierung sind an erster Stelle die Bischofskonferenzen zu nennen. Hier sieht Franziskus ein großes Potenzial, das noch nicht ausgeschöpft ist. »Das Zweite Vatikanische Konzil sagte, dass in ähnlicher Weise wie die alten Patriarchatskirchen ›die Bischofskonferenzen vielfältige und fruchtbare Hilfe leisten [können], um die kollegiale Gesinnung zu konkreter Verwirklichung zu führen‹. Aber dieser Wunsch hat sich nicht völlig erfüllt, denn es ist noch nicht deutlich genug eine Satzung der Bischofskonferenzen formuliert worden, die sie als Subjekte mit konkreten Kompetenzbereichen versteht, auch einschließlich einer gewissen authentischen Lehrautorität« (EG 32).

Das Ansinnen des Papstes, die Bischofskonferenzen aufzuwerten, ruft Kritiker auf den Plan. Dabei geht es um strukturell-organisatorische Einwände, aber auch um theologische. So geben sie etwa zu bedenken, dass bei einer Verlagerung von Aufgaben von der Römischen Kurie auf die Bischofskonferenzen eventuell die Ressourcen auf der lokalen Ebene überhaupt nicht ausreichten. In der Tat dürfen die gut ausgebauten kirchlichen Verwaltungsstrukturen in Europa und Nordamerika nicht zum Maßstab genommen werden für den Rest der Welt. Dort sind die personellen und finanziellen Ressourcen weitaus geringer. Als im Rahmen des synodalen Prozesses zu Ehe und Familie diskutiert wurde, ob bestimmte Kompetenzen der Ehegerichtsbarkeit der Rota Romana an untere Ebenen verlagert werden könnten, gaben die Kritiker zu bedenken, dass die kirchliche Gerichtsbarkeit in großen Teilen der Weltkirche neben den personellen Problemen auch keinen ausreichenden Qualitätsstandard vorweisen könne. Beide Einwände müssen durchaus ernst genommen werden. Allerdings müsste man prüfen, ob nicht durch regionale Zusammenarbeit diese Bedenken ausgeräumt werden könnten. Abgesehen davon spräche sicherlich nichts dagegen, wenn im Sinne des Subsidiaritätsprinzips Rom Aufgaben für die Situationen übernimmt, in denen diese auf den unteren Ebenen nicht leistbar sind.

Was die theologischen Einwände gegenüber einer Aufwertung der Bischofskonferenzen anbetrifft, ist deren Durchschlagskraft begrenzt. Dennoch sagen die Kritiker, dass die Bischofskonferenzen bisher kein richtiges theologisches und kirchenrechtliches

Fundament besäßen. Streng genommen ist es in der Ekklesiologie, der Lehre von der Kirche, bisher so, dass es auf der einen Seite den Ortsbischof als Leiter einer Diözese, einer Teilkirche gibt, und auf der anderen Seite den Vorsteher der Universalkirche, den Papst. 1985 schreibt der damalige Präfekt der vatikanischen Glaubenskongregation, Kardinal Joseph Ratzinger: »Keine Bischofskonferenz hat als solche eine lehramtliche Funktion. Entsprechende Dokumente verdanken ihr Gewicht allein der Zustimmung, die ihnen von den einzelnen Bischöfen gegeben wird.« In dieser Linie erklärt Papst Johannes Paul II. zehn Jahre später in seinem Motu proprio *Apostolos suos* »über die theologische und rechtliche Natur der Bischofskonferenzen«, »die bischöfliche Kollegialität im wahren Sinn des Wortes gebührt nur dem gesamten Bischofskollegium, das als theologisches Subjekt unteilbar ist«. Dennoch sieht Johannes Paul II. die Möglichkeit, dass die Bischofskonferenzen lehramtliche Äußerungen tätigen. »Wenn die Lehraussagen der Bischofskonferenzen einmütig approbiert werden, können sie zweifellos im Namen der Konferenzen selbst veröffentlicht werden.« Fehlt die Einmütigkeit, muss erst eine Überprüfung (recognitio) durch den Apostolischen Stuhl erfolgen, bevor der Sachverhalt als »authentische Lehre« angesehen werden kann. De facto ist es aber in der Regel so, dass die Beschlüsse der Bischofskonferenzen immer erst dann Gültigkeit erlangen, wenn sie der einzelne Diözesanbischof für sein Bistum auch wirklich in Kraft setzt. Die Bischofskonferenzen haben daher bisher vor allem den Charakter eines pastoralen Beratungs- und Koordinierungsgremiums.

»Es ist nicht angebracht, dass der Papst die örtlichen Bischöfe in der Bewertung aller Problemkreise ersetzt, die in ihren Gebieten auftauchen« (EG 16). Franziskus will nicht, dass Rom Entscheidungen an sich zieht und die Bischöfe sich ihrer Verantwortung entledigen, indem sie Entscheidungen nach Rom »delegieren«. Er sieht zugleich, dass die Unterschiede der einzelnen Regionen und die Bedürfnisse so verschieden sind, dass einheitliche Antworten immer schwieriger werden. Die logische Konsequenz ist, die Ortskirchen zu stärken. Franziskus scheint sich dabei nicht auf eine konkrete kollegiale Institution auf mittlerer Ebene festlegen zu wollen. In seiner Rede zum Synodenjubiläum nannte er gleich eine ganze Reihe, die es zu stärken gelte. Das würde natürlich eine grundlegende Neudefinition des Papstamts mit sich bringen, die zugleich große Chancen für die Ökumene eröffnen könnte.

Konkret hat er im Sommer 2017 die Kompetenzen der Bischofskonferenzen im Bereich der Übersetzung liturgischer Bücher gestärkt. Berücksichtigt man die Bedeutung der Liturgie für das Glaubensleben und letztendlich auch für die Theologie der Kirche gemäß dem Prinzip »lex orandi – lex credendi« (daran, wie die Menschen beten, ist abzulesen, was sie wirklich glauben) wird man feststellen müssen, dass hier eine ganz wesentliche Akzentverschiebung in Richtung mittlerer Ebene erfolgt ist. Hier handelt es sich nicht um eine Kleinigkeit, sondern es ist ein großer Schritt in Richtung einer stärkeren Inkulturation des katholischen Glaubens und einer weiteren Binnenpluralität im Herzen des Katholischen. Neben der rein rechtlichen Regelung, dass die entscheidende Kompetenz der Übersetzung letztendlich auf die Bischofskonferenzen übergeht, hat Franziskus auch inhaltlich den Weg zu einer stärkeren Inkulturation freigemacht. Denn er definiert das Wort »fideliter« neu. Früher musste eine Übersetzung »treu« zum lateinischen Urtext erfolgen. Jetzt, so betont der Papst in seinem Motu proprio *Magnum principium,* geht es um eine dreifache »Treue«: in erster Linie gegenüber dem Originaltext, dann aber auch gegenüber der besonderen Sprache, in die übersetzt wird, und schließlich gegenüber dem Verständnis des Textes durch die Empfänger. Die Rezipienten werden in den Übersetzungsprozess mit einbezogen. Das ist Dezentralisierung und Inkulturation im Sinne von Papst Franziskus. In den vergangenen Jahren hatte es wiederholt gerade im Bereich der Übersetzung liturgischer Texte Unmut in den Ortskirchen gegeben, weil Rom ein zu enges Korsett vorgab.

Es besteht jetzt die Möglichkeit, die Texte so zu übersetzen, dass die ursprüngliche Intention von den Zuhörern auch verstanden wird. Das ist oft ein anderer Text als der, der bei einer wortwörtlichen Übersetzung herauskommt. Der Vorgang bedeutet künftig mehr Pluralismus in der katholischen Kirche, nicht dem Inhalt und dem Sinn nach, aber dem Worte nach. Das macht denen Angst, die einem Kirchenbild anhängen, das in der katholischen Kirche einen monolithischen Block sieht, der überall eine identische Form hat. Doch angesichts der kulturellen Unterschiede rund um den Globus kann das nicht gelingen. Damit ist auch neuer Streit vorprogrammiert: dieses Mal nicht zwischen Ortskirche und römischer Zentrale, sondern zwischen Vertretern einer uniformen Einheitskirche und denen, die sich eine Einheit in der Vielfalt vorstellen können.

Die Bischofskonferenz ist aber nur eine mögliche Form der Kollegialität der mittleren Ebene. Papst Franziskus hat in Lateinamerika eine andere kennen- (und man kann sicher auch sagen: schätzen) gelernt: den regionalen oder kontinentalen Zusammenschluss. Obwohl vom Vatikan aus die Entwicklung der Kirche in Lateinamerika immer sehr kritisch beäugt wurde und es immer wieder extrem harte Eingriffe gab, konnte sich dort so etwas wie ein kontinentaler Katholizismus entwickeln. Entscheidend dazu beigetragen hat der Lateinamerikanische Bischofsrat CELAM. Seine Wurzeln reichen in die 1930er-Jahre zurück. Offiziell gegründet wurde er 1955. In jenem Jahr fand in Rio de Janeiro die erste Generalversammlung der Bischofskonferenzen von Lateinamerika und der Karibik statt. Weitere folgten in Medellín (1968), Puebla (1979) und Santo Domingo (1992). Die fünfte und bisher letzte fand 2007 in Aparecida statt. Diese Versammlungen waren entscheidende Orte für die Entwicklung der »Theologie der Befreiung« und damit einer eigenständigen theologischen Tradition des

Kontinents. Damit hat der CELAM sein wichtigstes Ziel erreicht, nämlich theologische und pastorale Impulse für den Kontinent zu setzen sowie die Zusammenarbeit unter den mittlerweile 22 nationalen Bischofskonferenzen zu stärken. Auf keinem anderen Kontinent hat sich so etwas entwickelt, theologisch, pastoral und strukturell, wie in Mittel- und Südamerika. Zwar gibt es auch in Europa, Asien und Afrika kontinentale Zusammenschlüsse der Bischofskonferenzen. Doch sie haben bisher nicht dieses Format des CELAM. Es gibt nicht diesen Grad an Autonomie wie bei den CELAM-Versammlungen. Theologisch-pastorale Texte, die die katholische Tradition und die Beschlüsse des II. Vatikanischen Konzils für die konkrete regionale Situation vor Ort reflektieren und Handlungsoptionen festschreiben – wie die Abschlussdokumente von Medellín, Puebla oder Aparecida –, sucht man auf den anderen Kontinenten vergeblich. Diese können bisher nur die vom Papst einberufenen und vom Vatikan organisierten Kontinentalsynoden im Umfeld des Jahrtausendwechsels vorweisen. Doch diese sind nicht mit dem zu vergleichen, was sich in Südamerika seit Jahrzehnten ereignet. »Die lateinamerikanischen Konferenzen haben eine größere Autonomie und erzeugen ihre eigenen pastoralen Schlusstexte; die anderen Synoden bilden ein beratendes Organ des Papstes, der die nachsynodale Weisung erarbeitet«, beschreibt Carlos Maria Galli den Unterschied.

Jorge Mario Bergoglio ist von dieser kirchlichen Realität in Lateinamerika geprägt. Er macht 2007 bei der Konferenz von Aparecida selbst die Erfahrung einer kontinentalen synodalen Versammlung. Als Chefredaktor drückt er dem Abschlussdokument der Konferenz seinen unverwechselbaren Stempel auf. »Es ist ein Akt des Lehramts der lateinamerikanischen Kirche«, sagt der damalige Kardinal Bergoglio kurz nach der Versammlung in einem Interview. Für Franziskus gilt das, was sich auf seinem Heimatkontinent entwickelt hat, als Vorbild für die Reform der katholischen

Kirche. »Franziskus beabsichtigt nicht, ein lateinamerikanisches Modell zu exportieren. Er möchte, dass jede Kirche die Mission an ihrem Ort und zu ihrer Zeit in inkulturierter Form aufnimmt«, ist Carlos Maria Galli überzeugt. Dafür braucht es aber auch vergleichbare Strukturen auf den anderen Kontinenten. Hier dürften die Bischofskonferenzen, also die nationale Ebene, zu klein gedacht sein. Es bieten sich eher kontinentale Lösungen an. Als Franziskus vom langjährigen Amazonasbischof Erwin Kräutler auf das Thema Viri probati angesprochen wird, zeigt sich das Kirchenoberhaupt offen für Vorschläge. Er trägt Kräutler auf, einen solchen auszuarbeiten. Das solle dieser aber nicht im Alleingang machen, sondern zusammen mit den anderen Bischöfen Brasiliens oder besser noch auf kontinentaler Ebene.

Zur kontinentalen Ebene könnte ein Stichwort passen, das Franziskus in der Rede zum 50-Jahr-Jubiläum der Bischofssynode anspricht: das Patriarchat. In der Folge des II. Vatikanischen Konzils wurde diese Idee bereits schon einmal diskutiert. Der Theologe Joseph Ratzinger schreibt etwa 1969: »Schließlich wird man in nicht allzu ferner Zukunft überlegen müssen, ob sich nicht die Kirchen Asiens und Afrikas, ähnlich wie die des Ostens, ihre eigene Form geben sollten als selbständige ›Patriarchate‹ oder ›Großkirchen‹ oder wie immer man solche ecclesiae in der Ecclesia in Zukunft wird nennen mögen.« Eine stärker patriarchale Struktur hätte natürlich auch Auswirkungen auf das Papstamt. Ratzinger spricht in dem Text »Primat und Episkopat« sogar von einer Veränderung des Papstamts. »Demgemäß sollte man es als Aufgabe für die Zukunft betrachten, das eigentliche Amt des Petrusnachfolgers und das patriarchale Amt wieder deutlicher zu unterscheiden und, wo nötig, neue Patriarchate zu schaffen und aus der lateinischen Kirche auszugliedern.«

War das letztlich die Motivation für Benedikt XVI., den Titel »Patriarch des Westens« abzulegen? Offiziell wurde die Niederlegung des Patriarchentitels 2006 damit begründet, dass die lateinische Kirche mittlerweile nicht mehr nur im Westen, dem Abendland, verbreitet sei, sondern eine universale Kirche sei. Außerdem könne man den Titel nur auf die lateinische Kirche beziehen. Da der Papst Oberhaupt der gesamten katholischen Kirche sei, also verschiedener Riten, sei die Bezeichnung »Patriarch des Westens« nicht angebracht. Es wurde ausdrücklich darauf hingewiesen, dass man damit weder die Idee der antiken Patriarchalkirchen aufgeben noch neue Ansprüche damit verbinden wolle. Der Verzicht könne aber »von Vorteil sein für den ökumenischen Dialog«. In den 1960er-Jahren kam Ratzinger beim Thema Patriarchat und Ökumene auf den kühnen Gedanken: »Entsprechend könnte zweifellos auch einmal eine Sondergestalt der reformatorischen Christenheit in der Einheit der einen Kirche gedacht werden.«

Eine Kirche im Dialog
oder: Ökumene der versöhnten Verschiedenheit

Papst Franziskus denkt sicherlich nicht daran, die evangelischen Kirchen zu Patriarchaten der katholischen Kirche zu machen. Dennoch bietet die Idee der polyzentrischen katholischen Weltkirche, die eine größere Binnenpluralität aufweist, auch neue Perspektiven für das Gespräch mit den anderen christlichen Kirchen, die Ökumene. Wiederholt wurde von der »Einheit in Verschiedenheit« gesprochen, allerdings mit Blick auf die katholische Kirche. Während es vielleicht ungewöhnlich erschienen sein mag, diese Idee für die katholische Kirche zu verwenden, ist er im ökumenischen Gespräch bereits seit langer Zeit ein eingeführter Terminus. Für Papst Franziskus ist sie das Ziel der Ökumene: die Einheit in Vielfalt, oder wie er es auch immer wieder ausdrückt: die »versöhnte Verschiedenheit«. Bereits bei seinem ersten ökumenischen Gottesdienst zum Abschluss der Gebetswoche für die Einheit der Christen Ende Januar 2014 formuliert er das Ziel klar: »Wir alle haben durch die Spaltungen Schaden erlitten. Wir alle wollen nicht zum Ärgernis werden. Gehen wir darum alle gemeinsam brüderlich den Weg zur Einheit, auch indem wir unterwegs Einheit stiften, jene Einheit, die vom Heiligen Geist kommt und die uns eine ganz eigene Besonderheit bringt, die nur der Heilige Geist verwirklichen kann: die versöhnte Verschiedenheit.« Das bedeutet für Franziskus nicht, Unterschiede zu übertünchen.

Franziskus übernimmt damit eine Idee aus der evangelischen Tradition des lutherischen Theologen Oscar Cullmann (1902–1999). Dieser war Professor für Neues Testament und Geschichte der Alten Kirche in Basel und Paris. Er hatte als ökumenischer Beobachter am II. Vatikanischen Konzil teilgenommen und war ein guter Freund von Papst Paul VI. In einer kleinen Schrift fasst Cullmann 1986 unter dem Titel *Einheit durch Vielfalt* seine Gedanken zum Thema zusammen. Bereits im Vorwort formuliert er einen zentralen Aspekt für sein Einheitsmodell, »nämlich dass jede christliche Konfession eine unverlierbare Geistesgabe, ein Charisma hat, das sie behalten, pflegen, reinigen und vertiefen und nicht einer Gleichschaltung zuliebe entleeren soll«. Cullmann begründet seine Vorstellungen mit den biblischen Schriften. Dieses Vorgehen entspricht Jorge Mario Bergoglio, der sein Denken und Handeln radikal an Wort und Tat des Jesus von Nazaret ausrichtet sowie an deren Rezeption in den neutestamentlichen Schriften. Cullmann spricht vom »diversifizierenden Wirken des Heiligen Geistes durch die von ihm jeder Konfession verliehenen Gaben, die Charismen«. Er verbindet diese Vorstellung mit der »im Lichte der vom Neuen Testament gebotenen Rangabstufung der von jeder Konfession verkündeten Glaubensaussagen, also der sogenannten ›Hierarchie der Wahrheiten‹«. Dadurch wird ein Modell der Einheit möglich, die nicht trotz Diversität, sondern gerade durch Diversität entsteht. Die zentrale Stelle im Neuen Testament ist die Rede des Paulus im Ersten Brief an die Korinther von dem einen Geist und den vielen Gaben (1 Kor 12,4–31). »Wer den Reichtum der Fülle des Heiligen Geistes nicht respektiert und Uniformität will, sündigt gegen den Heiligen Geist«, schreibt Cullmann.

Diese Vorstellung der »Einheit, die nicht Einförmigkeit ist, sondern Einheit in Verschiedenheit«, zieht sich als Grundkonstante durch das Wirken von Franziskus. Sie ist für ihn die leitende Idee für die Binnenstruktur der eigenen, katholischen Kirche und auch für das Verhältnis zu den anderen christlichen Kirchen. Während sich für die Anwendung dieses Prinzips auf die katholische Kirche die Frage stellt, wieviel Vielfalt kann sein, damit es noch die eine katholische Kirche ist, stellt sich mit Blick auf die Ökumene die Frage, wann die Unterschiede nicht mehr von solcher Qualität sind, dass man von einer Einheit sprechen kann und damit etwa das gemeinsame Abendmahl als sichtbarer Ausdruck dieser ökumenischen Einheit möglich wird. Darauf gibt auch Papst Franziskus bisher keine klare Antwort.

Man könnte bisweilen den Eindruck gewinnen, dass es sich um zwei gegenläufige Entwicklungen handelt, die am Ende die christlichen Kirchen auf dem Weg der Einheit voranbringen. Die katholische Kirche stärkt die Binnenpluralität und lässt die in ihr schon immer vorhandene innere Vielfalt mehr zu. Gleichzeitig werden im ökumenischen Gespräch die Unterschiede verringert. Das kann auf zwei Weisen geschehen. Entweder indem sich alle Seiten daraufhin prüfen, wo sie im Laufe der Geschichte zentrale Elemente der christlichen Tradition verloren oder zumindest vernachlässigt haben, die aber von den Ökumenepartnern bewahrt wurden. Hier könnte man etwa auf evangelischer Seite die Wiederentdeckung der breiten liturgischen Tradition und besonders des Werts des Abendmahls anführen, auf katholischer Seite wäre es die neue Wertschätzung der Heiligen Schrift. Im Dialog mit den »orthodoxen Brüdern« hätten die Katholiken die Möglichkeit, so Franziskus, »etwas mehr über die Bedeutung der bischöflichen Kollegialität und über ihre Erfahrung der Synodalität zu lernen« (EG 246).

Unterschiede können andererseits durch ein vertieftes Verständnis der gemeinsamen Tradition verringert werden, etwa indem durch den theologischen Dialog herausgearbeitet wird, dass einst als trennend angesehene Sachverhalte bei genauerer theologischer Betrachtung gar nicht verschieden sind. Ein Beispiel dafür ist die *Gemeinsame Erklärung zur Rechtfertigungslehre.* Sie wurde von der katholischen Kirche und dem Lutherischen Weltbund erarbeitet und am Reformationstag 1999 unterzeichnet. Sie stellt fest, dass zwischen Katholiken und Lutheranern »ein Konsens in Grundfragen der Rechtfertigungslehre« besteht und damit die gegenseitigen Lehrverurteilungen aus dem 16. Jahrhundert für heute nicht mehr zutreffen. Bei der Rechtfertigung, also der Frage nach der Erlösung des Menschen, handelt es sich um einen der zentralen Punkte reformatorischer Theologie. Mittlerweile haben sich weitere Verbünde von Kirche, die in der reformatorischen Tradition stehen, der Erklärung angeschlossen: 2006 der Weltrat Methodistischer Kirchen, 2017 die Weltgemeinschaft Reformierter Kirchen und die Anglikanische Kirche. So führte ein bilaterales ökumenisches Gespräch am Ende zu einem sehr breiten Konsens.

Papst Franziskus sieht einen großen Wert im theologischen Dialog und steht hinter den Bemühungen seines Ökumeneministers sowie der theologischen Kommissionen. Zugleich macht er aber stets deutlich, dass der theologische Dialog aus seiner Sicht nicht alles ist. Manchmal lässt er auch durchblicken, dass aus seiner Sicht die entscheidenden Durchbrüche in der Ökumene an anderer Stelle zu erwarten sind. In einer Videobotschaft zum »Tag der christlichen Einheit« in einer US-Diözese stellt er Ende Mai 2015 fest: »Ich bin überzeugt, dass die Einheit unter uns nicht die Theologen machen werden. Die Theologen helfen uns, die Wissenschaft der Theologen hilft uns. Aber wenn wir warten, bis die Theologen sich einigen, wird die Einheit erreicht sein am Tag nach dem Jüngsten Gericht. Die Einheit macht der Heilige Geist!« Deshalb ist Franziskus, wie schon seinem Vorgänger Benedikt XVI., die Ökumene des Gebets wichtig sowie der gemeinsame Einsatz in Caritas und Diakonie. In einem Interview am Vorabend des Beginns des 500-Jahr-Gedenkens der Reformation dämpft Franziskus Ende Oktober 2016 die Hoffnung auf allzu schnelle theologische Fortschritte in der Ökumene und empfiehlt den Christen, »den Enthusiasmus in Richtung des gemeinsamen Gebets und der Werke der Barmherzigkeit zu legen, also der Hilfe für Kranke, Arme und Gefangene«. Gemeinsam etwas zu machen sei »eine vornehme und wirkungsvolle Form des Dialogs«. Entsprechend verpflichteten sich Lutherischer Weltbund und katholische Kirche im Rahmen der Feierlichkeiten zum Reformationsjubiläum im schwedischen

Lund am Reformationstag 2016 zu einer verstärkten Zusammenarbeit ihrer caritativen Einrichtungen.

Für Franziskus ist die Praxis entscheidender als die Theorie. Er ist überzeugt, dass das gemeinsame Handeln am Ende auch bei den theologischen Fragen hilft, weil freundschaftliche Bande entstehen und die gelebte Praxis dabei hilft, den anderen in seinem Denken besser zu verstehen. Mit Blick auf die Orthodoxie gibt es zum Beispiel das große Umweltengagement des Ökumenischen Patriarchen von Konstantinopel Bartholomäus. Zwar verstehen sich der Papst und das Ehrenoberhaupt der Orthodoxie grundsätzlich sehr gut. Doch ermöglicht das beiderseitige Anliegen der Bewahrung der Schöpfung Anknüpfungspunkte für gemeinsame Aktionen, genauso wie der gemeinsame Einsatz für den Frieden im Nahen Osten und für die Flüchtlinge. So hatte Franziskus Bartholomäus in den Vatikan eingeladen, als er dort im Sommer 2014 mit den Präsidenten Israels und der Palästinenser, Shimon Perez und Mahmud Abbas, für den Frieden betete. Zusammen sind der Papst und der Patriarch im April 2016 auf die griechische Insel Lesbos gereist, um auf das Schicksal der Flüchtlinge aufmerksam zu machen. Das sind Signale nach außen: Wir stehen zusammen.

Oft spricht Franziskus von der »Ökumene des Blutes«, die Ansporn sein müsse, intensiv die Suche nach der Einheit zu betreiben und das bereits Mögliche jetzt zusammen zu tun. »Wenn Christen verfolgt und getötet werden, geschieht das, weil sie Christen sind und nicht, weil sie Lutheraner, Anglikaner, Katholiken oder Orthodoxe sind«, so Franziskus. Im Kampf für soziale Gerechtigkeit, im Engagement für verfolgte Christen und in der konkreten tätigen Nächstenliebe müssen Christen zusammenstehen, ist Franziskus überzeugt. Er hat dabei auch keine Vorbehalte gegenüber den evangelikalen und pentekostalen Gemeinschaften und Kirchen.

Bereits in seiner Zeit als Erzbischof von Buenos Aires hielt er Kontakt zu den Pfingstkirchen. Regelmäßig ging er zu ökumenischen Treffen, an denen sie teilnahmen, und hatte keine Probleme, sich von deren Geistlichen segnen zu lassen. Nach der Wahl von Benedikt XVI. im April 2005, bei der Jorge Mario Bergoglio die zweitmeisten Stimmen auf sich vereinigte, tauchte in rechtskatholischen Internetforen ein Foto auf, das den Kardinal zeigt, wie er kniet und von einem evangelikalen Geistlichen die Hand aufgelegt bekommt. Der Kommentar dazu lautete sinngemäß: »Gott sei Dank ist dieser Synkretist nicht Papst geworden!« Mittlerweile ist er doch Papst. Allerdings ist Franziskus weit davon entfernt, ein Synkretist zu sein. Wiederholt hat er den Synkretismus scharf verurteilt. Dabei erinnert er stets an Benedikt XVI., der betonte, dass die katholische Kirche nicht durch Synkretismus wachse, sondern durch das Zeugnis ihrer Mitglieder. Für Franziskus sind die Evangelikalen, die bis heute von vielen Kirchenoberen gern als Sekten bezeichnet werden, Schwestern und Brüder.

Ende Juli 2014 besucht er als erster Papst eine evangelikale Gemeinschaft im italienischen Caserta. Dabei bittet er die Evangelikalen und Pfingstkirchler um Vergebung für Übergriffe und Verunglimpfungen durch Katholiken in der Zeit des Faschismus in Italien. Natürlich weiß Franziskus, dass die evangelikalen und pentekostalen Kirchen auf der Südhalbkugel die am stärksten wachsenden christlichen Gemeinschaften sind. Doch das ist für ihn kein Grund, sie zu verurteilen oder Vorbehalte gegen sie zu schüren. Auf der einen Seite sieht er sie als Christen, mit denen er auf Augenhöhe spricht. Auf der anderen Seite fordert er seine Kirche auf, sich so zu verändern, dass die Menschen das Heil nicht bei den Pentekostalen suchen, sondern in der katholischen Kirche. Der erste Papst aus Lateinamerika, der diese neue Form des Christentums aus eigener Anschauung kennt, ist überzeugt, dass die barmherzige Kirche an der Seite der Armen die richtige Antwort auf die Herausforderung ist, welche die Pfingstler für die katholische Kirche darstellen. Seine Lösung ist also nicht von einer ablehnenden Haltung gegen die anderen bestimmt, sondern von einer selbstkritischen gegenüber der eigenen Kirche.

Auch bei der Ökumene geht Franziskus manchmal ungewöhnliche Wege. Das sieht man bei seinem Besuch in der evangelischen Christuskirche in Rom Mitte November 2015. Wie zu erwarten war, wird er dort nach dem gemeinsamen Abendmahl gefragt. Franziskus ist vorsichtig, aber seine Worte sind klar. Er erklärt, dass er an dieser Stelle nichts entscheiden und nur mit einer Frage antworten könne: Ist das gemeinsame Abendmahl das »Ende des Weges« oder eine »Stärkung auf dem Weg«? Dieses Bild der Eucharistie als »Stärkung auf dem Weg« ist nicht neu bei Franziskus. In *Evangelii gaudium* etwa schreibt er bereits im November 2013, dass die Eucharistie »nicht eine Belohnung für die Vollkommenen, sondern ein großzügiges Heilmittel und eine Nahrung für die Schwachen« (EG 47) ist. Ähnliches deutet er nun bei der Begegnung in der Christuskirche in Bezug auf das gemeinsame Abendmahl an und betont: Entscheidend sei die »eine« Taufe. Franziskus erinnert an die Worte des Paulus im Epheserbrief: »Ein Herr, ein Glaube, eine Taufe«. »Ich werde es nie wagen, es zuzulassen, denn das liegt nicht in meiner Kompetenz«, so das Oberhaupt der katholischen Kirche. Er verweist aber auf die persönliche Gottesbeziehung, blickt die Fragestellerin an und sagt: »Fragen Sie den Herrn und dann gehen Sie weiter!« Die Botschaft ist klar. Wie an anderer Stelle ist hier das Gewissen der Einzelnen gefordert, denn der Papst schließt, wegen der »einen« Taufe, den Empfang nicht definitiv aus. Sonst hätte er das kurz und knapp sagen können.

Am Ende des Gottesdienstes übergibt er dann noch als Gastgeschenk einen Kelch. In dieser Geste liegt eine doppelte Botschaft. Zum einen ist es bei Päpsten üblich, wenn sie eine katholische Kirche besuchen, dass sie einen Messkelch als Geschenk überreichen. Wenn Franziskus nun auch der evangelischen Gemeinde einen solchen Kelch schenkt, hebt er den konfessionellen Unterschied damit auf. Zum anderen legt er demonstrativ den Finger in die wohl tiefste Wunde im Verhältnis zwischen Katholiken und Protestanten. Die Geste gleicht einer Mahnung, bei diesem Thema dringend vorankommen zu wollen.

Diese Hoffnung verbinden viele Katholiken und Protestanten mit dem Reformationsgedenken. Als dieses am 31. Oktober 2016 mit einem großen ökumenischen Gottesdienst in Lund eröffnet wird, gibt es nicht wenige, die bis zum Abschluss ein Jahr später mit konkreten Fortschritten in der Abendmahlsfrage rechnen – selbst wenn nicht eine allgemein gültige Lösung gefunden wird, so doch wenigstens für die konfessionsverschiedenen Ehepaare. Genährt wird diese Hoffnung durch einen Passus in der gemeinsamen Erklärung, die der Papst und der Präsident des Lutherischen Weltbunds, Bischof Munib Yunan, am Ende des Gottesdienstes in Lund unterzeichnen: »Viele Mitglieder unserer Gemeinschaften sehnen sich danach, die Eucharistie in einem Mahl zu empfangen als konkreten Ausdruck der vollen Einheit. Wir erfahren den Schmerz all derer, die ihr ganzes Leben teilen, aber Gottes erlösende Gegenwart im eucharistischen Mahl nicht teilen können. Wir erkennen unsere gemeinsame pastorale Verantwortung, dem geistlichen Hunger und Durst unserer Menschen, eins zu sein in Christus, zu begegnen. Wir sehnen uns danach, dass diese Wunde im Leib Christi geheilt wird. Dies ist das Ziel unserer ökumenischen Bemühungen. Wir wünschen, dass sie voranschreiten, auch indem wir unseren Einsatz im theologischen Dialog erneuern.« Doch ein Jahr später können die Kirchen zum Ende des Reformationsjubiläums keine Fortschritte in dieser Frage aufweisen. In einer gemeinsamen Abschlusserklärung von Vatikan und Lutherischem Weltbund wird gleichsam als Beleg und Ausdruck des Stillstands in dieser Frage schlicht der Passus aus dem Lund-Papier zitiert.

Dennoch wird man am Ende des 500-Jahr-Gedenkens des Beginns der Reformation feststellen müssen, dass nicht nur Katerstimmung bleibt. In der Substanz ist man nicht vorangekommen. Allerdings hat sich das Klima zwischen Katholiken und Evangelischen durch die verschiedenen Aktivitäten im Gedenkjahr weiter verbessert. Das darf bei einem Dialog nicht unterschätzt werden. Und bis vor wenigen Jahren war noch undenkbar, dass der Lutherische Weltbund und der Vatikan gemeinsam erklären, man empfinde »tiefe Dankbarkeit für die spirituellen und theologischen Gaben, die uns die Reformation geschenkt hat«. Dass Luther im Jahr 2017 gar eine Briefmarke der Vatikanpost ziert, hätte sich der Reformator vor 500 Jahren wohl auch nicht träumen lassen. Es ist ein Zeichen dafür, dass seit dem II. Vatikanischen Konzil in der Ökumene viel erreicht wurde. Doch vielen Gläubigen ist das zu wenig. Das Gedenkjahr wurde ohne große Polemik gegenüber der jeweils anderen Seite gefeiert. Das ist sicherlich ein Erfolg. Auf verschiedenen Ebenen wurde der Fehler gedacht, die auf allen Seiten in den 500 Jahren begangen wurden. Das hält die gemeinsame Abschlusserklärung ebenfalls fest: »Ebenso haben wir auch um Vergebung gebeten für unser Versagen und dafür, wie Christen und Christinnen in den fünfhundert Jahren seit Beginn der Reformation bis heute den Leib des Herrn verletzt und einander gekränkt haben.« Lutheraner und Vatikan wollen den Schwung des Gedenkjahres nun in Substanzielles verwandeln und sich auf Weltebene den Themen Kirche, Eucharistie und Amt widmen. Es geht also ans Eingemachte.

Das steht auch im Dialog mit den orthodoxen Kirchen auf der Tagesordnung. Hier sind es vor allem der Primat des Papstes und die mit Rom unierten Ostkirchen, die kontrovers diskutiert werden. Auch wenn in der öffentlichen Wahrnehmung gelegentlich die Meinung vorherrscht, Katholiken und Orthodoxe seien sich theologisch wesentlich näher als Katholiken und Protestanten und daher müsse es auch in der Ökumene zwischen Ost und West viel leichter sein, sieht die Realität anders aus. Zwar mag es in einigen zentralen Punkten theologisch eine größere Nähe geben, etwa beim Amts- und Sakramentenverständnis. Doch einfach sind die Gespräche nicht. Umso wichtiger ist es auch hier, dass auf der Beziehungsebene Fortschritte erzielt werden. Traditionell ist das Verhältnis zwischen Rom und dem Ökumenischen Patriarchen mit Sitz in Istanbul eng. Schwieriger sieht es da in den Beziehungen zur georgisch-orthodoxen und zur russisch-orthodoxen Kirche aus. Georgien hat Papst Franziskus im Oktober 2016 besucht. Die Begegnungen mit dem Katholikos-Patriarch Ilia II. waren herzlich; doch unmittelbare Fortschritte in den Beziehungen hat die Reise nicht gebracht. Ein gemeinsames Gebet war nicht möglich. Das gab es auch nicht beim Treffen von Papst Franziskus und dem russisch-orthodoxen Patriarchen Kyrill. Allerdings ist schon allein das Zustandekommen dieser Begegnung ein großer Erfolg. Johannes Paul II. und Benedikt XVI. hatten über viele Jahre auf eine solche Begegnung hingearbeitet. Doch die russische Seite hatte sich stets verweigert. Mit Franziskus war das nun anders. Er konnte mit der Begegnung die Früchte eines jahrelangen kontinuierlichen Dialogs zwischen dem Vatikan und dem russisch-orthodoxen Patriarchat ernten. So kam es im Februar 2016 zum Treffen der beiden Kirchenführer – an einem neutralen Ort: auf Kuba.

Die stärker werdenden Spannungen zwischen Russland und dem Westen unter anderem in der Folge der Krim-Annektierung und des Syrienkonflikts sowie die schwierige Situation der Christen im Nahen Osten, verbunden mit der Verfolgung von Christen in dieser Region, in Teilen Afrikas und Asiens bildeten den geopolitischen Hintergrund, der die russische Seite zur Einsicht gelangen ließ, dass ein Treffen sinnvoll wäre. Zudem dürfte auch die offene und herzliche Art von Franziskus jegliche Sorge in Moskau zerstreut haben, dass hinter einem Treffen machtpolitisches Kalkül stecken könnte. Hatte doch Franziskus bei seinem Besuch des Ökumenischen Patriarchen in Istanbul Ende November 2014 betont, dass die Suche nach der Einheit der christlichen Kirchen »weder bedeutet, einander zu unterwerfen noch einzuverleiben, sondern vielmehr alle Gaben anzunehmen, die Gott jedem gegeben hat, um in der ganzen Welt das große Geheimnis der vom Herrn Jesus Christus durch den Heiligen Geist gewirkten Erlösung kundzutun«. Die katholische Kirche werde auf dem Weg zur Einheit keinerlei Forderungen stellen, außer »den gemeinsamen Glauben zu bekennen, und dass wir bereit sind, im Licht der Lehre der Schrift und der Erfahrung des ersten Jahrtausends gemeinsam die Bedingungen zu suchen, um mit diesen die notwendige Einheit der Kirche unter den gegenwärtigen Umständen zu gewährleisten: Das Einzige, was die katholische Kirche wünscht und ich als Bischof von Rom, ›der Kirche, die den Vorsitz in der Liebe führt‹, anstrebe, ist die Gemeinschaft mit den orthodoxen Kirchen.« In diesem Sinne arbeitet er auf eine »versöhnte Verschiedenheit« hin. Um auf diesem Weg voranzukommen, will Franziskus ausdrücklich über eine Veränderung des Papstamtes reden.

Papst 4.0
oder: Keine Autorität ohne Wahrhaftigkeit

»Da ich berufen bin, selbst zu leben, was ich von den anderen verlange, muss ich auch an eine Neuausrichtung des Papsttums denken. Meine Aufgabe als Bischof von Rom ist es, offen zu bleiben für die Vorschläge, die darauf ausgerichtet sind, dass eine Ausübung meines Amtes der Bedeutung, die Jesus Christus ihm geben wollte, treuer ist und mehr den gegenwärtigen Notwendigkeiten der Evangelisierung entspricht« (EG 32). Franziskus will die katholische Kirche verändern und weiß: Das geht nur, wenn sich auch das Papstamt wandelt. Dabei sieht er zwei Orientierungspunkte, die für diesen Prozess bestimmend sind: der Wille Jesu und die »gegenwärtigen Notwendigkeiten der Evangelisierung«. Es sind auch die beiden Pole, die für die Neuausrichtung der katholischen Kirche maßgeblich sind. Ziel ist für Franziskus ein »diakonaler Primat«.

In einer stärker synodal und dezentral organisierten Kirche kommen dem Papst ganz andere Aufgaben zu als bisher. Er kommt stärker in eine Rolle des Moderators und Koordinators. Der Führungsstil wird kommunikativer, auch wenn die Letztverantwortung und der Jurisdiktionsprimat dadurch nicht angetastet werden. Entscheidend ist, wie dieser Primat ausgeübt wird. Zumal es in einer stärker polyzentrischen Weltkirche, die eine größere Binnenpluralität aufweist, als das bisher der Fall gewesen ist, ein Amt der Einheit mit entsprechenden Vollmachten dringend braucht. Das zeigt ein Blick auf andere christliche Kirchen. Ein reiner Ehrenprimat mag in Schönwetterperioden funktionieren. Aber gerade in schwierigen Situationen hilft er nicht weiter. Diese Erfahrung machen die orthodoxen Kirchen immer wieder, ebenso die anglikanische Weltgemeinschaft. Manchmal blockieren theologische oder organisatorische Kontroversen die Kirchen über Jahre. Hier zeigt nicht zuletzt die Erfahrung des synodalen Prozesses zu Ehe und

Familie, dass das katholische Modell große Vorteile bietet – auch wenn es verbesserungsfähig ist. Aber am Ende gibt es eine Instanz, die versucht, die verschiedenen Positionen zusammenzuführen und – mit Autorität versehen – eine Richtung vorzugeben.

Nun verhindert ein solches Amt nicht per se, dass es Widerstand gegen die Entscheidungen des Papstes gibt bis hin zur Gefahr von Abspaltungen. Zwei Dinge können helfen, um eine möglichst breite Zustimmung für die Entscheidungen zu erreichen. Zum einen stellt sich die Frage, worauf sich die Autorität des Papstes gründet. Zum anderen geht es um die Frage der Loyalität gegenüber dem Papst.

Die Glaubwürdigkeit und Autorität ist entscheidend mit der Authentizität verbunden. »Ein häufiger Fehler derer, die Autorität haben, sei es in der Zivilgesellschaft, sei es in der Kirche, besteht darin, von den anderen Dinge zu fordern, die auch richtig sein können, die sie selbst aber nicht in die Praxis umsetzen. Sie führen ein Doppelleben.« Autorität, so Franziskus Anfang November 2017 bei einem Mittagsgebet weiter, entstehe aus dem guten Beispiel. Es gehe darum, den anderen das vorzuleben, was richtig und pflichtgemäß ist, und ihnen dabei zu helfen, wenn es Schwierigkeiten und »Prüfungen« gebe auf dem Weg des Guten. »Doch wenn sie schlecht ausgeübt wird, wird sie zur Unterdrückung. Sie lässt die Menschen nicht wachsen und schafft eine Atmosphäre des Misstrauens und der Feindseligkeit, und sie führt auch zur Korruption.«

Das Thema beschäftigt Franziskus immer wieder. In einer Morgenpredigt Anfang Januar 2016 geht er der Frage nach: »Warum lehrte Jesus mit einer Vollmacht, die bei den Menschen Staunen und Ergriffenheit hervorrief, während die Schriftgelehrten lediglich Gesetze auferlegen konnten, aber ›nie bis zum Herz des Volkes vordrangen‹?« Franziskus unterscheidet zwischen »realer Autorität oder Vollmacht« Jesu und »formaler Autorität oder Vollmacht« der Schriftgelehrten. Jesus habe die »reale Autorität« aber nicht deshalb besessen, weil er ein »Verführer« gewesen sei, sondern aus drei Gründen, erklärt Franziskus. Erstens sei die Haltung Jesu die des Dienens gewesen, während die Schriftgelehrten die »psychische Einstellung von Fürsten« gehabt hätten. Die zweite entscheidende Haltung Jesu sei die der Nähe zu den Menschen gewesen. Er sei mitten unter ihnen gewesen, »war nicht allergisch gegen die Menschen: er scheute sich nicht davor, die Aussätzigen oder die Kranken zu berühren«. Die Schriftgelehrten hingegen hätten sich von den Menschen distanziert, »im Innersten ihres Herzens verachteten sie die Menschen, das arme, unwissende Volk«. Sie hätten mit »klerikaler Autorität« gelehrt und es habe ihnen drittens an der »Kohärenz« gefehlt. Jesus habe das gelebt, was er gelehrt habe. Die Persönlichkeit der Schriftgelehrten und Pharisäer hingegen sei gespalten gewesen. Jesus habe sie oft als Heuchler bezeichnet. Das Fazit des Papstes: »Einer, der sich als Fürst fühlt, der eine klerikale Einstellung hat, der ein Heuchler ist, hat keine Vollmacht. Er mag die Wahrheit sagen, aber ohne Vollmacht.« Das gelte bis heute. Das Volk Gottes spüre, mit welcher Vollmacht jemand spreche. Und wenn sie real sei, »erstaune« sie und »nehme die Menschen für sich ein«.

Das ganze Wirken von Franziskus durchzieht das Bewusstsein, dass Autorität sich heute nicht mehr allein durch den Stand, das reine Amt legitimiert, sondern durch Authentizität. Entsprechend stellt er die Anforderungen an den Klerus in der katholischen Kirche, die Kandidaten für das Bischofsamt und das Kardinalskollegium, aber auch die Priester und Ordensleute, ja an jeden Christen. Das kommt durchaus einem Paradigmenwechsel bei der Auswahl des kirchlichen Führungspersonals gleich. Während früher vor allem die Frage nach den theologischen Positionen im Vordergrund standen und der Kandidat bei bestimmten Schlüsselthemen kein Jota von der römischen Linie abweichen durfte, etwa beim Zölibat, beim Frauenpriestertum, bei der Bewertung der Homosexualität oder beim Umgang mit wiederverheirateten Geschiedenen, geht es jetzt viel stärker um die Lebenshaltung, also die Frage nach der »natürlichen und realen Autorität« aufgrund der möglichst großen Deckung von Wort und Tat, kurz der Authentizität.

In seiner Zeit als Erzbischof von Buenos Aires formuliert Bergoglio in einem Interview, wie er Autorität versteht. »Autorität kommt von augere, was so viel heißt wie ›wachsen lassen‹. Autorität zu haben heißt nicht, eine repressive Person zu sein. Die Repression ist eine Deformation der Autorität. Autorität, richtig ausgeübt, schafft vielmehr einen Raum, in dem die Person wachsen kann. Und Autorität hat, wer einen Raum des Wachsens schaffen kann.« In diesen Zeilen sagt der damalige Kardinal auch viel über seinen Führungsstil. »Wenn einer verkünden muss, dass er das Steuer in der Hand hält, ist das schon der Beweis, dass er es verloren hat.« Franziskus will kein »Basta«-Papst sein. Auch wenn er im Interview mit der Wochenzeitung *Die Zeit* im April 2017 meint, er habe »schon viele Male ›Basta‹ gesagt«, ohne das allerdings näher zu spezifizieren. Aber diese Idee der Autorität, die er als Kardinal formuliert hat, schlägt auf seine Amtsführung durch. Mit der vollen Autorität seines Amtes will er anderen Raum geben für Entscheidungen: den Bischöfen und den Seelsorgern im Gespräch mit den Gläubigen. Das ist die synodale Kirche, in der Petrus die Kirche begleitet, sie wachsen lässt und harmonisiert.

Dabei hat er auch nicht immer eine Antwort. Oft verhält sich Franziskus sehr jesuanisch. Auf eine Frage antwortet er mit einer Gegenfrage und nicht mit einer definitiven Aussage. Als die Journalisten wissen wollen, wie er es mit den Homosexuellen hält, lautet die Antwort: »Wenn einer Gay ist und den Herrn sucht und guten Willen hat – wer bin dann ich, ihn zu verurteilen?« Bei der Frage nach dem gemeinsamen Abendmahl in der evangelischen Christuskirche dasselbe Spiel: »Ich weiß nicht, wie antworten, aber ich mache mir Ihre Frage zu eigen – da frage ich mich: das Abendmahl des Herrn zu teilen, ist [das] das Ende eines Weges oder die Stärkung auf dem Weg, um gemeinsam voranzuschreiten?« Was aber ist, wenn der Papst keine Antworten weiß und gibt? Dann ist jeder Einzelne gefordert, sich ein Urteil zu bilden und seinem Gewissen zu folgen. Franziskus möchte mündige Christen, die selbst entscheiden. Dabei geht es um eine »neue Logik abseits von starren Schemata«, betont sein theologischer Berater, Erzbischof Victor Manuel Fernández. Wenn der Papst in seinem Schreiben *Amoris laetitia* im Kontext der wiederverheirateten Geschiedenen den Kommunionempfang in Einzelfällen als möglich erachte, sei das kein »Bruch, sondern eine harmonische Entwicklung und eine kreative Kontinuität gemäß der Lehre vorhergehender Päpste«.

Wenn der Papst dann aber eine Entscheidung trifft, ist es an den Gläubigen und Hirten, diese in loyalem Gehorsam anzunehmen. Das schließt Kritik nicht aus. Franziskus betont immer wieder, dass Einwände und Bedenken artikuliert werden sollen. Er ist überzeugt, nur im Diskurs können Probleme gelöst werden und sind Entwicklungen möglich. Deshalb versucht er das synodale Element und die freie Diskussion in der Kirche zu stärken. Damit wird automatisch die Binnenpluralität für alle sichtbar. Die Kritiker von Franziskus erklären, das verwirre die Gläubigen. Franziskus scheint da unbesorgt, zumal für ihn die Vielheit ja zum katholischen Glauben konstitutiv dazugehört. Er ist überzeugt, dass die Leitplanken, die er vorgibt, ausreichen, um eine Richtung zu erkennen, in die das Ganze laufen soll. In *Evangelii gaudium* schreibt er: »Die verschiedenen Richtungen des philosophischen, theologischen und pastoralen Denkens können, wenn sie sich vom Geist in der gegenseitigen Achtung und Liebe in Einklang bringen lassen, zur Entfaltung der Kirche beitragen, weil sie helfen, den äußerst reichen Schatz des Wortes besser deutlich zu machen« (EG 40).

Es fällt auf, dass die kircheninternen Kritiker von Franziskus sich anders verhalten, als das früher bei Papstkritikern der Fall war.

Diese versuchten durch theologische Argumente ihren Anfragen Nachdruck zu verleihen. Den Vorwurf der Häresie, wie das jetzt bei Franziskus der Fall ist, gab es damals nicht. Damit besitzt die Form der Kritik eine andere »Qualität«. Man kann sich des Eindrucks nicht erwehren, dass es den konservativen Kreisen vor allem um eigene Positionen geht, die sie verteidigen wollen. So lange der Papst wie früher auf ihrer Linie war, forderten sie 100-prozentige Treue zum Papst und bezichtigten diejenigen, die nicht ihre Position vertraten, der Häresie. Jetzt, wo der Papst nicht mehr ihre Linie vertritt, ist Papsttreue plötzlich nicht mehr angesagt.

Als Papst ist Franziskus der Nachfolger des Apostelfürsten Petrus. Doch die Bischöfe von Rom haben, zumindest wenn es um die Begründung der besonderen Autorität des römischen Bischofssitzes ging, immer auch großen Wert auf die zweite Apostelsäule in ihrer Geschichte gelegt: Paulus. Blickt man auf das Pontifikat von Franziskus, bekommt man den Eindruck, als gewinne die paulinische Tradition eine größere Bedeutung, zumindest aber schlagen die Herzen der beiden Apostel deutlich in seiner Brust. Die große Nähe der Barmherzigkeit zur paulinischen Rechtfertigung wurde schon erwähnt. Der Bochumer Neutestamentler Thomas Söding betont in einer Bibelarbeit aus dem Jahr 2010, dass es zu kurz gegriffen sei, »in Petrus den Funktionär einer erstarrenden Institution, in Paulus aber den freiheitsliebenden Reformer zu sehen«. Dennoch legt Söding eine Spur, wie man die unterschiedlichen Temperamente und Haltungen der beiden Apostel charakterisieren kann. Auch die zweite Unterscheidung, die Söding anbietet, spürt man in Franziskus' Denken und Handeln: Petrus sei eher eine Integrationsfigur, Paulus eher ein Polarisationsfaktor gewesen. Petrus ist der »Fels«, auf dem die Kirche ruht. Er mag wackeln, aber er wird nicht brechen, sagt Jesus ihm bei der Berufung zum »ersten« Apostel zu (vgl. Mt 16,18). Paulus ist das »Licht«, das zwar flackern mag, aber nie erlöschen wird, so die Zusage Jesu bei der Berufung des »letzten« Apostels (vgl. Apg 13,47). Die Kardinäle, die Franziskus in Bezug auf sein Lehrschreiben *Amoris laetitia* zurechtweisen möchten, berufen sich auf den Apostel Paulus, weil dieser Petrus »brüderlich zurechtgewiesen habe«. Sie übersehen dabei allerdings, dass der Papst selbst auch ein Stück Paulus ist und damit derjenige, der »brüderlich zurechtweist«.

Allerdings muss man auch umgekehrt die Frage stellen, ob Franziskus bei aller Offenheit gegenüber Kritik, von der er immer wieder spricht, am Ende vielleicht doch nur schwer damit umgehen kann. Den vier Kardinälen, die Dubia, »Zweifel«, an seinem Papier *Amoris laetitia* angemeldet haben, hat er eine Begegnung verweigert. Erst nach langem Warten auf eine Antwort des Papstes haben sie ihre Eingaben öffentlich gemacht. Das passt nicht ganz zu einem Mann, der immer betont, dass man offen sein müsse für das Gespräch. Zugleich weiß sein näheres Umfeld durchaus von bisweilen sehr harschem und autoritärem Auftreten des in der Öffentlichkeit meist so freundlichen wirkenden Kirchenoberhaupts im kleinen Kreis zu berichten. Hier ist einer, der sich seiner Macht bewusst ist und sie auch nutzt. Von den Mitarbeitern der Kurie etwa fordert er uneingeschränkte Treue. Da kann es dann auch schon einmal vorkommen, dass er einzelne Mitarbeiter entlässt, weil ihm Kritik aus deren Munde zu Ohren gekommen ist. Die entscheidende Frage ist hier, wo die selbstverständlich in einer Institution einzufordernde Loyalität gegenüber dem Oberen endet und ein diktatorischer Führungsstil beginnt.

Zum Papstamt 4.0 gehört dazu, dass ein Papst zurücktreten kann. Was Benedikt XVI. getan hat, war in Ordnung, betont Franziskus immer wieder. Das bedeutet nicht, dass er die formalen Dinge gutheißt, die mit dem Rücktritt seines Vorgängers verbunden waren und sind. Zwar hat sich Franziskus nie öffentlich geäußert; doch ist zu erwarten, dass er manches anders machen wird, sollte er eines Tages zurücktreten. Denn er schließt einen eigenen Rücktritt nicht aus für den Fall, dass seine körperlichen Kräfte nicht mehr für die Amtsausübung ausreichen. Franziskus dürfte sich die Kritik am Rücktritt seines Vorgängers sehr genau angehört haben. So hat sich dem Vernehmen nach eine Expertengruppe Gedanken gemacht über einen Ritus zum Ende eines Pontifikats sowie zu Fragen der Kleidung, des Namens und des Status eines zurückgetretenen Papstes.

Zwischen den beiden Päpsten besteht ein herzliches Verhältnis. Franziskus sieht in Benedikt einen »Meister und freundlichen Gesprächspartner«. Doch die Beziehung ist nicht so eng, dass er seinen Vorgänger regelmäßig um Rat fragen würde. Es gibt nur einen Papst, und das ist Franziskus. Daran lässt dieser keinen Zweifel. Versuche, Benedikt XVI. gegen seinen Nachfolger in Position zu bringen, hat es in den ersten Jahren gegeben. Doch der Emeritus hat sich darauf nicht eingelassen. Beim letzten Treffen mit den Kardinälen am Tag seines Rücktritts am 28. Februar 2013 hatte er gesagt, dass er dem künftigen Papst »meine bedingungslose Ehrerbietung und meinen bedingungslosen Gehorsam verspreche«. Es fällt auf, dass Franziskus mehrere Male bei gemeinsamen Auftritten mit Benedikt XVI. diese Aussage wiederholt hat. Das konnte durchaus als Warnung an bestimmte kirchliche Kreise verstanden werden, eine Instrumentalisierung erst gar nicht zu versuchen. Von Anfang an lud Franziskus seinen Vorgänger zu großen Gottesdiensten ein. So war es Benedikt XVI. der bei der Eröffnung des Außerordentlichen Heiligen Jahres der Barmherzigkeit Anfang Dezember 2015 nach Franziskus als Erster durch die Heilige Pforte des Petersdoms schritt.

Während die öffentlichen Auftritte Ratzingers danach aufgrund der nachlassenden körperlichen Kräfte weniger wurden, äußert er sich gelegentlich publizistisch mit Vorworten zu Büchern oder Grußworten für Tagungen. Interessierte Kreise versuchen dann stets die meist wenigen Sätze dafür zu nutzen, um diese zur

Spitze gegen den Kurs von Franziskus aufzubauschen. Doch das sind kurze, vergebliche Störfeuer. Grundsätzlich kann man schon die Frage stellen, ob ein ehemaliger Papst sich überhaupt noch öffentlich äußern, gar ein Interviewbuch veröffentlichen soll, wie das Benedikt XVI. im Herbst 2016 gemacht hat. Zumal er ja vor seinem Rücktritt angekündigt hatte, »vor der Welt verborgen« leben zu wollen. Allerdings wäre ein solches Schweigegebot auch unmenschlich. Daher ist die Position von Franziskus verständlich, der sagt, die Kirche habe sich nach dem II. Vatikanischen Konzil an emeritierte Bischöfe gewöhnen müssen, jetzt müsse sie das ebenso in Bezug auf Päpste lernen.

Ein sicht- und hörbarer ehemaliger Papst trägt übrigens auch verstärkt zur Entsakralisierung des Amtes bei. Denn es führt der Welt vor Augen, dass es ein Amt ist, eine Aufgabe, die auch zurückgegeben werden kann. Immer wieder heißt es, Papst Franziskus habe durch seine menschliche Art, das Papstamt zu leben, dieses entmythologisiert. Es ist sicherlich richtig, dass er dazu beiträgt. Doch einen ganz wichtigen Anteil an der Entmythologisierung hat Benedikt XVI. mit seinem Rücktritt. Er hat gezeigt, dass ein Papst immer auch Mensch bleibt.

Das nimmt auch Franziskus für sich in Anspruch. »Ich bin ein ganz normaler Mensch. Kein bisschen ungewöhnlicher als andere«, betont er immer wieder. Auch er kenne Momente des Zweifels. »Es gibt durchaus dunkle Momente, in denen ich sage: ›Herr, das begreife ich nicht!‹ Und das sind nicht nur Momente innerer Dunkelheit, sondern Bedrängnisse, die ich mir selbst eingebrockt habe, durch meine Schuld, denn ich bin ein Sünder«, so Franziskus in einem Zeitungsinterview im März 2013. Für einen Papst sind das durchaus ungewohnt offene Worte. So sorgt auch das Bild jedes Mal für Schlagzeilen, wenn Franziskus an einem Beichtstuhl kniet und »öffentlich« beichtet. Den Kult um seine Person mag er nicht. So hat er Anfang 2017 verfügt, dass auf den Euromünzen des Vatikans künftig nicht mehr das Konterfei des Papstes zu sehen ist, sondern nur noch das Papstwappen. Schon kurz nach seinem Amtsantritt hatte er untersagt, dass mit vatikanischer Lizenz kleine Papststatuen verkauft werden.

An dieser Stelle ist die Haltung des Papstes allerdings etwas ambivalent. Denn seine Medienleute nutzen ganz bewusst seine Popularität und sein Bild, um auf allen möglichen Kanälen seine Botschaft zu verbreiten: Twitter, Facebook, Youtube, Instagram. Franziskus ist auf allen Kanälen präsent, mit großem Erfolg. Trotzdem scheint ihm diese Popularität nicht wirklich geheuer. »Wir dürfen nicht vergessen, dass die Idealisierung eines Menschen stets auch eine unterschwellige Art der Aggression ist. Wenn ich idealisiert werde, fühle ich mich angegriffen.« Weniger beunruhigen ihn da schon die Angriffe auf seine Person und seine Amtsführung. Trotz Widerstand und Gegenwind habe er seit seiner Wahl zum Papst »seinen Frieden nicht verloren«.

Der Papst der Begegnung
oder: Die Wurzel des politischen Handelns

»Die Nähe tut allen gut. Die Distanz hingegen macht krank. Wenn wir uns voneinander entfernen, verschließen wir uns in uns selbst und werden Monaden, unfähig, uns zu begegnen. Wir lassen uns von Ängsten gefangen nehmen. Wir müssen lernen, über uns hinauszugehen, um den anderen zu begegnen.« Was Franziskus hier im Vorfeld des Besuchs in Lund Ende Oktober 2016 in Bezug auf die Ökumene formuliert, ist sein Credo einer »Kultur der Begegnung und des Dialogs«, die er unablässig fordert. Angetrieben ist er dabei von der aus seiner Sicht Grunderfahrung des Christentums. »Am Anfang des Christseins steht nicht ein ethischer Entschluss oder eine große Idee, sondern die Begegnung mit einem Ereignis, mit einer Person, die unserem Leben einen neuen Horizont und damit seine entscheidende Richtung gibt.« Diesen Gedanken aus der Enzyklika *Deus caritas est* von Papst Benedikt XVI. wird Franziskus nicht müde zu wiederholen. Aus diesem Grund legt er so großen Wert auf die persönliche Begegnung im Wirken der Kirche.

Pastoralpläne und zu viele Strukturen helfen aus seiner Sicht nichts, wenn sie nicht mit dem Zeugnis und der persönlichen Begegnung einhergehen. In einer Videobotschaft aus Anlass des Festes des heiligen Kajetan in einem der wichtigsten Heiligtümer von Buenos Aires fasst Papst Franziskus im August 2013 diese Vorstellung zusammen: »Was Jesus in erster Linie lehrt, das ist, einander zu begegnen und in der Begegnung zu helfen. Wir müssen einander zu begegnen wissen. Wir müssen eine Kultur der Begegnung herstellen, schaffen, aufbauen. So viele gescheiterte Begegnungen, Auseinandersetzungen in der Familie, überall! Auseinandersetzungen im Stadtviertel, Auseinandersetzungen bei der Arbeit, Auseinandersetzungen auf allen Seiten. Und gescheiterte Begegnungen helfen nicht. Die Kultur der Begegnung. Hinausgehen, um einander zu begegnen.« Wenige Wochen zuvor hatte er bereits an Priester, Bischöfe und Ordensleute am Rande des Weltjugendtags im Juli 2013 in Rio de Janeiro appelliert: »Habt den Mut, gegen den Strom dieser leistungsorientierten Kultur, dieser Wegwerfmentalität zu schwimmen! Begegnung und Aufnahmebereitschaft für alle, Solidarität – ein Wort, das sich in dieser Kultur im Verborgenen hält, als sei es ein schlechtes Wort –, Solidarität und Brüderlichkeit sind Elemente, die unsere Kultur wirklich menschlich machen. Diener der Gemeinschaft und der Kultur der Begegnung sein! Ich möchte, dass ihr in diesem Sinn gleichsam besessen seid.«

Für Jorge Mario Bergoglio ist die »Kultur der Begegnung« ein Schlüssel für die Zukunft des Menschen überhaupt. In einem Interview erklärt er 2010: »Ich glaube, wir müssen heute entweder eine Kultur der Begegnung entwickeln, oder wir gehen unter. Die totalitären Entwürfe des letzten Jahrhunderts – sei es der Faschismus, der Nazismus, der Kommunismus oder der Liberalismus – sind auf Vereinzelung aus.« Vorurteile seien wie Mauern, die Begegnung verhinderten, so der damalige Erzbischof von Buenos Aires weiter. In seiner Botschaft zum Welttag der sozialen Kommunikationsmittel 2014 greift er als Papst das Bild wieder auf. »Die Mauern, die uns trennen, können nur dann überwunden werden, wenn wir bereit sind, uns gegenseitig zuzuhören und voneinander zu lernen. Wir müssen die Differenzen beilegen durch Formen des Dialogs, die es uns erlauben, an Verständnis und Respekt zu wachsen. Die Kultur der Begegnung macht es erforderlich, dass wir bereit sind, nicht nur zu geben, sondern auch von den anderen zu empfangen.« Die persönliche Begegnung und der Dialog vertreiben Angst und verzerrte Ideologien und bedeuten ein Mehr an Menschlichkeit, ist der Pontifex überzeugt.

Diese Kultur der Begegnung hat verschiedene Dimensionen und betrifft jeden Menschen. Es beginnt im Nahbereich der Familie, geht über den Beruf bis hin zum ehrenamtlichen Engagement in

Vereinen und Organisationen. Immer geht es darum, sein Gegenüber auf Augenhöhe zu betrachten. Die Begegnung ist der konkrete Ausdruck von Nähe. Darauf legt Franziskus Wert. Es gehe nicht um Sehen, sondern um Hinschauen, nicht um Hören, sondern um Zuhören, nicht um Treffen, sondern eben um Begegnen. Es geht um eine bestimmte Qualität im Miteinander der Menschen. Das gilt dann auch für die Welt der Politik, der Wirtschaft und der Religionen, denn, so ist Franziskus überzeugt: »Es ist nicht die Kultur der Auseinandersetzung, nicht die Kultur des Konfliktes, die das Zusammenleben in den Völkern und unter den Völkern aufbaut, sondern diese: die Kultur der Begegnung, die Kultur des Dialogs: Das ist der einzige Weg zum Frieden.«

Auch in schwierigen Situationen gilt es, einen Anknüpfungspunkt für den Dialog zu finden. Und aus Sicht von Franziskus gibt es »immer eine Tür, die nicht verschlossen ist«. Davon zeigt sich das Kirchenoberhaupt vor seinem ersten Treffen mit US-Präsident Donald Trump im Mai 2017 überzeugt. Journalisten hatten den Papst auf die unterschiedliche Position in der Flüchtlingsfrage angesprochen. Er bilde sich nie ein Urteil über eine Person, bevor er nicht selbst mit ihr gesprochen habe, erklärt der Pontifex. »Man muss die Türen suchen, die wenigstens etwas offen sind, um einzutreten und über die gemeinsamen Dinge zu sprechen und voranzugehen. Schritt für Schritt. Der Friede ist ein Handwerk: Man macht ihn jeden Tag. Auch die Freundschaft unter Personen, das gegenseitige Kennenlernen, die Wertschätzung ist ein Handwerk: Man macht es jeden Tag. Die Achtung vor dem anderen, sagen, was man denkt, aber mit Respekt.« Wichtig sei, dass jeder im gegenseitigen Gespräch seine Position ehrlich vortrage.

Dieser kleine Hinweis ist übrigens wichtig, um Franziskus und seine Haltung zum »offenen Wort« richtig zu verstehen. Der richtige Platz dafür ist für ihn im direkten Gespräch. Das »offene Wort« oder auch die Kritik über die Medien zu spielen, ist nicht sein

Ding. Das ist zu berücksichtigen, wenn es um den Umgang von Franziskus mit Kritik an seiner Amtsführung geht. Das gilt aber auch für sein politisches Handeln. Nach der scharfen Kritik, dass er bei seiner Asienreise Ende 2017 in Myanmar nicht das Wort »Rohingya« benutzt habe, als es um das Schicksal der muslimischen Volksgruppe im Norden des Landes ging, erklärte er: »Für mich ist das Wichtigste, dass die Botschaft ankommt.« Daher müsse man versuchen, die Dinge Schritt für Schritt zu sagen. »Wenn ich in der offiziellen Rede [vor den Vertretern aus Politik, Gesellschaft und dem Diplomatischen Corps] das Wort verwendet hätte, hätte das gewirkt, als würde ich meinen Gesprächspartnern die Tür ins Gesicht schlagen.« Deshalb habe er in der Rede die Situation beschrieben und allgemein von den Rechten der Minderheiten gesprochen, um dann in den privaten Gesprächen weitergehen zu können.

Franziskus redet nicht nur von dieser Kultur der Begegnung und des Dialogs, er lebt sie auch vor. Sein Ziel ist es, Brücken zu bauen. Das geht aus seiner Sicht am besten im direkten Kontakt. Man muss offen sein und bereit, mit allen zu sprechen, die das wünschen. Das ist die Devise des Pontifex. Diskriminierung wird für ihn so zum Fremdwort. Er hat keine Berührungsängste, sich mit ehemaligen Priestern und ihren Familien zu treffen oder mit einem alten Bekannten, der homosexuell ist und seinen Lebenspartner zu der Begegnung mitbringt. Er geht offen auf die Partner im interreligiösen Dialog zu, auch wenn er weiß, dass in deren Heimatländern die Situation für Christen bisweilen äußert schwierig ist. Er empfängt, wie auch seine Vorgänger, Politiker aus Staaten, in denen Korruption und fehlende Rechtsstaatlichkeit die Entwicklung des Landes hemmen oder gar verhindern. Er schüttelt höflich die Hände von Regierungschefs, deren Länder zu den größten Waffenexporteuren der Welt zählen, obwohl Franziskus den Waffenhandel als eines der schlimmsten Übel der Gegenwart bezeichnet. Für den Papst sind die Begegnungen die Gelegenheit, seine Sicht der Dinge darzulegen. Er wirft seine ganze moralische Autorität und seine klare Botschaft in die Waagschale. Denn für Franziskus ist wichtig: Nur wer einen klaren Standpunkt hat und auf einem guten Fundament steht, kann auch in einen Dialog treten.

Das gilt für ihn besonders beim interreligiösen Dialog. »Die wahre Offenheit schließt ein, mit einer klaren und frohen Identität in den eigenen tiefsten Überzeugungen fest zu stehen, aber ›offen [zu] sein, um die des anderen zu verstehen‹, ›im Wissen darum, dass der Dialog jeden bereichern kann‹. Eine diplomatische Offenheit, die zu allem Ja sagt, um Probleme zu vermeiden, nützt uns nicht, da dies eine Art und Weise wäre, den anderen zu täuschen und ihm das Gut vorzuenthalten, das man als Gabe empfangen hat, um es großzügig zu teilen. Die Evangelisierung und der interreligiöse Dialog sind weit davon entfernt, einander entgegengesetzt zu sein, vielmehr unterstützen und nähren sie einander« (EG 251). Franziskus sieht den interreligiösen Dialog als eine Pflicht für jeden Christen und jede Religionsgemeinschaft, weil er eine »notwendige Bedingung für den Frieden in der Welt« darstelle. Dieser Dialog sei in erster Linie ein »Dialog des Lebens«. Franziskus will die moderaten Kräfte in den Religionen im Kampf gegen Fundamentalismen stärken. Besonderes Augenmerk legt er dabei auf den Dialog mit dem Islam.

In seinem Pontifikat ist der Gesprächsfaden zur Al-Azhar-Universität in Kairo wiederaufgenommen worden. Sie ist eine der wichtigsten Hochschulen des sunnitischen Islam, dem 90 Prozent der Muslime angehören. Der Großscheich der Al-Azhar-Universität, Ahmad Al-Tayyeb, besuchte Anfang November 2017 bereits zum zweiten Mal innerhalb kurzer Zeit den Vatikan. Papst Franziskus betonte beim Besuch der Universität in Kairo im Februar 2017, dass drei Grundausrichtungen für den Dialog entscheidend seien: »die *Verpflichtung zur Wahrung der Identität,* weil ein echter

Dialog nicht auf der Basis von Zweideutigkeiten oder der Preisgabe des Guten geführt werden kann, um dem anderen zu gefallen; *der Mut zur Andersheit,* weil derjenige, der sich – kulturell oder religiös – von mir unterscheidet, nicht als Feind angesehen und behandelt werden darf, sondern als Weggefährte aufgenommen werden soll in der echten Überzeugung, dass das Wohl eines jeden im Wohl aller besteht; die *Aufrichtigkeit der Absichten,* weil der Dialog als authentischer Ausdruck des Humanen nicht eine Strategie ist, um Hintergedanken zu verwirklichen, sondern ein Weg der Wahrheit, und diesen geduldig zu gehen lohnt sich, um Konkurrenz in Zusammenarbeit zu verwandeln.« Dazu sei Religionsfreiheit notwendig und die Förderung der »Kultur der Begegnung«, deren einzige Alternative eine »Unkultur des Streits« sei. Er verurteilt jegliche Gewalt im Namen der Religion und fordert immer wieder die religiösen Verantwortungsträger auf, es ihm gleich zu tun. »Wir sind gehalten, die Verletzungen der Menschenwürde und der Menschenrechte zu brandmarken und die Versuche aufzudecken, jegliche Form von Hass im Namen der Religion zu rechtfertigen, und sie als götzendienerische Verfälschung Gottes zu verurteilen: Sein Name ist heilig, er ist Gott des Friedens, Gott salam. Deshalb ist nur der Frieden heilig und kann im Namen Gottes keine Gewalt verübt werden, weil sie seinen Namen verunehren würde.« Weil aus seiner Sicht Gewalt im Namen Gottes ein Sakrileg und jede Religion auf Frieden hin ausgerichtet ist, verwahrt er sich vehement dagegen, den Islam mit Gewalt gleichzusetzen. Es gebe in jeder Religion Fundamentalisten, erwidert er regelmäßig auf entsprechende Fragen von Journalisten.

Dabei ist sich Franziskus sehr wohl der Macht der Bilder bewusst, die gerade im Bereich des interreligiösen Dialogs große Wirkmächtigkeit erzielen können. Auf seine Reise ins Heilige Land im Mai 2014 nimmt er einen Rabbiner und einen Islamgelehrten mit, mit denen er seit seiner Zeit als Erzbischof in Buenos Aires befreundet ist. Demonstrativ umarmen sich die drei vor der Klagemauer in Jerusalem. Ende Oktober 2014 steht Papst Franziskus in der Blauen Moschee in Istanbul neben dem Großmufti, beide in Gebetshaltung. Bei seinem Besuch in der Zentralafrikanischen Republik Ende November 2015 fährt er in Bangui gemeinsam mit dem Imam im Papamobil durch die Menge. Auch das ist »Dialog des Lebens«. Die Bilder signalisieren, dass sich Vertreter verschiedener Religionen freundlich und in gegenseitiger Wertschätzung begegnen können, trotz inhaltlicher Differenzen. Das ist dann die »Kultur des Dialogs und der Begegnung«, die er propagiert. »Wir als Christen – und ich bin Christ – können aber Gott, den Vater aller, nicht anrufen, wenn wir irgendwelchen Menschen, die ja nach dem Ebenbild Gottes geschaffen sind, die brüderliche Haltung verweigern«, lautet das Versprechen von Franziskus an die Dialogpartner, das zugleich Mahnung an die eigenen Reihen ist. Er ruft damit eine gleichlautende Formulierung der Konzilsväter in der Erklärung *Nostra aetate* über das Verhältnis der Kirche zu den nichtchristlichen Religionen vom Oktober 1965 in Erinnerung.

Für Franziskus ist es daher ganz entscheidend, dass die junge Generation zu einer Kultur des Dialogs und der Begegnung erzogen wird. Dafür sieht er die religiösen Führer in der Pflicht, aber auch die Politik. Das machte er bei der Verleihung des Karlspreises im Mai 2016 deutlich. »Der Frieden wird in dem Maß dauerhaft sein, wie wir unsere Kinder mit den Werkzeugen des Dialogs ausrüsten und sie den ›guten Kampf‹ der Begegnung und der Verhandlung lehren. Auf diese Weise werden wir ihnen eine Kultur als Erbe überlassen können, die Strategien zu umreißen weiß, die nicht zum Tod, sondern zum Leben, nicht zur Ausschließung, sondern zur Integration führen.« Aus diesem Grund sollte die »Kultur des Dialogs« als »übergreifende Achse« in die Lehrpläne aller Fächer aufgenommen werden, schlägt das Kirchenoberhaupt vor. Er geht dabei mit gutem Beispiel voran.

In seiner Zeit als Erzbischof von Buenos Aires unterstützte er die Gründung des Bildungsnetzwerks »Scholas Occurentes«. Die »Schulen in Begegnung« fördern Bildungs- und Begegnungsprojekte für Schüler. Nach eigenen Angaben beteiligen sich über 440.000 Schulen in mehr als 80 Ländern an dem Austausch. Regelmäßig skypt Franziskus bei Videokonferenzen mit Jugendlichen, die an Projekten der Scholas mitwirken, um mehr über ihre Lebensumstände sowie ihre Visionen zu erfahren.

Das Ziel des Dialogs ist für Bergoglio ein friedliches Miteinander, eine gesellschaftliche Einheit in Verschiedenheit. Er ist allergisch gegen »Einförmigkeit«. Er geißelt »geistliche oder ideologische Kolonialisierung«, wenn er den Eindruck hat, dass einer Gruppe oder einer Person eine Mehrheitsmeinung aufoktroyiert werden soll. Mehrfach kritisierte er etwa die Verknüpfung von Hilfsgeldern an bestimmte Familienplanungsmodelle in Afrika. Abtreibung als »normal« ansehen zu müssen, verurteilt er scharf. Es müsse möglich sein, als Christ die kirchliche Position öffentlich vertreten zu können, ohne dafür Nachteile in Kauf nehmen zu müssen. Er wird daher auch nicht müde zu betonen, dass es beim Dialog nicht darum geht, am Ende allen dieselbe Meinung aufzuzwingen. Vielmehr sei das Ziel des Dialogs, zu einem Konsens zu kommen oder einen Weg zu finden, wie die unterschiedlichen Positionen nebeneinander bestehen können. Auf die Gesellschaft übertragen, könnte man vielleicht formulieren, es geht nicht um eine multikulturelle Einheitsgesellschaft, sondern es geht um eine Gesellschaft kultureller Vielfalt. Die Kultur der Begegnung bedeutet demnach nicht, »dass alle in der gleichen Weise denken, leben und sich verhalten. Es bedeutet zu wissen, dass wir alle jenseits unserer Unterschiedlichkeit Teil von etwas Großem sind, das uns vereint und übersteigt.« So formuliert es Franziskus beim Treffen mit Jugendlichen in der kolumbianischen Hauptstadt Bogota Anfang September 2017.

Eine Kultur des Dialogs bedeutet für ihn auch, dass keiner die Hände in den Schoß legen und passiv bleiben kann. Vielmehr sei jeder gefordert, aktiv am Aufbau einer gerechten und friedlichen Gesellschaft mitzuwirken. Die Kultur der Begegnung und des Dialogs ist in diesem Sinne »ein deutlicher Appell an die persönliche und soziale Verantwortung«. Zugleich haben die jeweils Verantwortlichen dafür zu sorgen, dass jeder seinen Beitrag leisten kann und niemand ausgeschlossen wird. Das gilt für die einzelnen gesellschaftlichen Gruppen, also auch die Kirche, wie für die Gesellschaft als Ganze. »Es ist für uns heute dringlich, alle sozialen Handlungsträger einzubeziehen, um ›eine Kultur, die den Dialog als Form der Begegnung bevorzugt‹, zu fördern, indem wir ›die Suche nach Einvernehmen und Übereinkünften [vorantreiben], ohne sie jedoch von der Sorge um eine gerechte Gesellschaft zu trennen, die erinnerungsfähig ist und niemanden ausschließt.« Und spätestens hier wird die Kultur des Dialogs und der Begegnung, die zutiefst aus einem religiösen Beweggrund entsteht, nämlich aus den Worten und Taten des Jesus von Nazaret, politisch.

Franz von Assisi (1181–1223) und Ignatius von Loyola (1491–1556), der Gründer des Jesuitenordens, sind hier Vorbilder für den Papst. Für beide war ein zentraler Gedanke, Gott in allen Dingen zu suchen und zu sehen. Wer wie die Christen glaubt, dass Gott der Schöpfer von allem ist, muss sich auch entsprechend gegenüber seinen Mitmenschen und seiner Umwelt verhalten. Einer der Weggefährten von Ignatius beeindruckt Jorge Mario Bergoglio besonders: Peter Faber. Den Jesuiten aus dem 16. Jahrhundert erklärt Papst Franziskus im Dezember 2017 kurzerhand zum Heiligen, ohne eine große offizielle Feier. Der damalige deutsche Jesuitenprovinzial Stefan Kiechle betont: »Faber hat im Gespräch mit Andersdenkenden und Andersgläubigen nie die Konfrontation gesucht. Dialog statt Verketzerung – das ist eine Ermutigung für alle, die sich für Einheit und Versöhnung in der Kirche engagieren.« Wenn

Franziskus über Faber spricht, klingt das beinahe wie eine Selbstbeschreibung. »Der Dialog mit allen, auch mit den Fernstehenden und Gegnern, die schlichte Frömmigkeit, vielleicht eine gewisse Naivität, die unmittelbare Verfügbarkeit, seine aufmerksame innere Unterscheidung, die Tatsache, dass er ein Mann großer und starker Entscheidungen und zugleich fähig war, so sanftmütig zu sein …«

Das Einende sucht 300 Jahre früher auch der heilige Franz von Assisi. 1219 fällt er durch eine ungewöhnliche Dialogaktion auf, als er während eines Kreuzzugs mit Sultan Al-Kamil spricht, auch wenn er die Kämpfe nicht verhindern kann. Für viele Muslime war mit der Namenswahl Bergoglios sofort ein positives Signal gesetzt. Wer sich nach Franz von Assisi nennt, muss ein Mann des Dialogs sein, war vielerorts in der islamischen Welt zu hören. Und in der Tat hat sich Franziskus die Haltung des Poverello zu eigen gemacht. Der Heilige habe drei Botschaften an die Menschen heute, so der Papst: Die Liebe zu den Armen und die »Nachahmung des armen Christus« seien in dem Heiligen wie zwei Seiten einer Medaille untrennbar miteinander verbunden. Franz von Assisi bezeuge zweitens, »wer Christus nachfolge, empfange den wahren Frieden«. Dieser Friede sei »keine Gefühlsduselei«, sondern es gehe darum, dem Gebot Jesu zu folgen: »Liebt einander, wie ich euch geliebt habe.« Nicht mit Arroganz, Überheblichkeit oder Hochmut, sondern nur mit Güte und Herzensdemut. Das Dritte sei schließlich die »Achtung gegenüber allem, was Gott erschaffen hat«. Das zentrale Anliegen des Franz von Assisi beschreibt Franziskus beim Treffen mit Jugendlichen in der Geburtsstadt des heiligen Franz so: »Hier in Assisi, bei der Portiunkula, da scheint mir, als würde ich die Stimme des Franziskus hören, der ruft: ›Evangelium, Evangelium!‹ Und das sagt er auch zu mir, ja, vor allem zu mir: Papst Franziskus, sei Diener des Evangeliums! Wenn es mir nicht gelingt, ein Diener des Evangeliums zu sein, dann ist mein Leben wertlos!«

Damit legt Franziskus die Motivation all seines Handelns offen: das Evangelium. Dass ein evangeliumsgemäßes Handeln letztendlich starke politische Implikationen hat, ist die Kehrseite der Medaille, sozusagen die Konsequenz eines aus dem Evangelium inspirierten Lebens. Franziskus' politisches Handeln wurzelt also radikal in Wort und Tat des Jesus von Nazaret.

Der Papst als Prophet
oder: Eine ganzheitliche Kultur des Lebens

Mit Papst Franziskus ist die katholische Kirche wieder als wichtiger Player auf die politische Weltbühne zurückgekehrt. Diese These hört man immer wieder. Doch man muss ehrlicherweise sagen, dass sie dort nie verschwunden war. Die Päpste haben immer Politik gemacht und sich in die politische Diskussion eingemischt. Der erste Papst aus Lateinamerika reiht sich in eine alte Tradition ein und doch ist bei ihm auch im Bereich des Politischen einiges anders als bei seinen Vorgängern. Auch hier pflegt er einen ganz eigenen Stil. Das hängt mit seiner Herkunft zusammen, aber auch mit seinem Verständnis des Christseins. Die Päpste gewichten die verschiedenen Dimensionen des Politischen unterschiedlich. Waren es in den letzten Jahren des Pontifikats von Johannes Paul II. und unter Benedikt XVI. vor allem moralische Fragen rund um die Themen Ehe und Familie, Sexualität und Bioethik, mit denen die katholische Kirche im politischen Diskurs wahrgenommen wurde, rückt Franziskus die sozialethischen Themen wieder stark in den Mittelpunkt kirchlichen Handelns. Das geschieht nicht, weil es ihm besondere Freude bereiten würde oder er die anderen Themen nicht so wichtig findet. Das Gegenteil ist der Fall. Seiner Meinung nach sind die Fragen nach Gerechtigkeit und Entwicklung, nach einer menschenwürdigen Arbeit sowie einem Politik- und Wirtschaftssystem, das den Menschen in den Mittelpunkt des Handelns stellt, genauso wichtig wie die moralischen Fragen rund um den Lebensschutz, um Ehe und Familie sowie Bioethik. »Wir können uns nicht nur mit der Frage um die Abtreibung befassen, mit homosexuellen Ehen, mit Verhütungsmethoden. Das geht nicht«, betonte Franziskus in seinem ersten großen Interview im Spätsommer 2013.

Bergoglio geht es um ein »neues Gleichgewicht« der Themen und um ein »weiter Denken« der Themen. Das wird am Beispiel des Lebensschutzes deutlich. Während hier bisher der Fokus auf den Fragen der Empfängnisregelung, der Abtreibung und vielleicht noch des Lebensendes lag, weitet Franziskus den Verständnishorizont für Lebensschutz aus. Er versteht darunter, eine »Kultur des Lebens« zu fördern und zu schützen. Dazu gehören dann auch die kirchlichen und gesellschaftlichen Rahmenbedingungen. Es reicht nicht, sich gegen Abtreibung zu engagieren, wenn die Eltern später mit ihrem Kind alleingelassen werden und es keine familienfreundliche Politik gibt. Zum Lebensschutz gehören für Franziskus die Lebensbedingungen dazu, aber auch die Situation von Flüchtlingen, die Debatte um die Todesstrafe und der Umgang mit Menschen mit Behinderung oder mit den Alten in einer Gesellschaft. In diesem Sinn reformiert er die Päpstliche Akademie für das Leben und weitet den Fokus ihrer Arbeit entsprechend. Während diese Akademie früher sehr stark mit der Glaubenskongregation zusammengearbeitet hat, wird sie nun stärker an das neue Dikasterium für Laien, Familie und Leben angebunden. Die Mitglieder der Akademie müssen auch nicht mehr schriftlich auf die katholische Morallehre verpflichtet werden, wie das seit der Gründung im Jahr 1994 durch Papst Johannes Paul II. üblich war. Es dürfte kein Zufall sein, dass einer der ersten großen Reformschritte, bei dem es um inhaltliche Fragen ging, also abseits von Finanzen und Medien, den Sozialbereich betraf.

Im August 2016 fusioniert Franziskus mehrere Päpstliche Räte zum neuen »Dikasterium für die ganzheitliche Entwicklung des Menschen«. Darin werden das frühere Sozialministerium »Jusititia et Pax«, das Entwicklungshilfeministerium »Cor unum«, das Gesundheitsministerium sowie das Ministerium für Migranten und Menschen unterwegs zusammengefasst und um eine eigene Abteilung für Ökologie ergänzt. Seitdem versucht diese neue Behörde zusammen mit den Päpstlichen Akademien der Wissenschaften und der Sozialwissenschaften sowie der Lebensakademie die sozialethischen Ideen des Papstes auf kirchlicher und weltpolitischer Ebene zu implementieren. Das geschieht durch intensive Lobbyarbeit, aber auch durch die Organisation von Kongressen im Vatikan und rund um den Globus in Zusammenarbeit mit nationalen Bischofskonferenzen oder den kontinentalen Zusammenschlüssen der Bischofskonferenzen.

Ein Papst, der den Menschen in den Mittelpunkt seines Handelns stellt und das auch von seiner Kirche, ja jedem einzelnen Gläubigen verlangt, kann die säkularen gesellschaftlichen Zusammenhänge nicht außer Acht lassen, in denen der Mensch steht. Franziskus erteilt der Idee eine klare Absage, die Religion müsse aufs Private beschränkt werden. Wer im bekanntesten Gebet der Christen, dem »Vaterunser«, unablässig wiederholt »Dein Wille geschehe, wie im Himmel so auf Erden«, kann sich nicht nur mit dem Jenseits beschäftigen. Denn, so argumentiert Franziskus in *Evangelii gaudium,* Gott habe alles erschaffen, damit alle sich daran freuen könnten. »Die Hirten haben unter Berücksichtigung der Beiträge der verschiedenen Wissenschaften das Recht, Meinungen über all das zu äußern, was das Leben der Menschen betrifft, da die Evangelisierungsaufgabe eine ganzheitliche Förderung jedes Menschen einschließt und verlangt« (EG 182). Dabei beschränkt sich die Aufgabe der Kirche nicht nur auf die Meinungsäußerung, betont das Kirchenoberhaupt. »Obwohl ›die gerechte Ordnung der Gesellschaft und des Staates […] zentraler Auftrag der Politik‹ ist, ›kann und darf [die Kirche] im Ringen um Gerechtigkeit […] nicht abseits bleiben‹. Alle Christen, auch die Hirten, sind berufen, sich um den Aufbau einer besseren Welt zu kümmern« (EG 183). Franziskus sieht sich da in einer Linie mit seinem Vorgänger Benedikt XVI., aus dessen Enzyklika *Deus caritas est* er an dieser Stelle zitiert. Damit macht er deutlich, dass er sich mit seinem sozialpolitischen Engagement in die Tradition der katholischen Soziallehre stellt, die seine Vorgänger entwickelt haben, angefangen von Papst

Leo XIII. mit der ersten Sozialenzyklika *Rerum novarum* im Jahr 1891 bis hin zu *Caritas in veritate* von Benedikt XVI. im Jahr 2009.

Rechnet man die Umwelt- und Sozialenzyklika *Laudato si* von Franziskus mit ein, liegen mittlerweile zehn Sozialenzykliken vor. Allein an dieser stattlichen Zahl lässt sich ablesen, dass für die Päpste seit Ende des 19. Jahrhunderts das Thema von großer Bedeutung ist. Leo XIII. suchte als erster Papst mit grundlegenden Überlegungen eine Antwort zu geben auf die brennenden sozialen Fragen in der Folge des starken Bevölkerungswachstums und der Industriellen Revolution. Er betont in *Rerum novarum,* der »Mutter aller Sozialenzykliken«, dass die Güter allen Menschen zu dienen hätten. Er fordert einen gerechten Lohn für die Arbeiter und verurteilt den Liberalismus genauso wie den Sozialismus als Lösung der gesellschaftlichen Herausforderungen der Zeit. Stattdessen fordert er eine staatliche Sozialpolitik. 40 Jahre später greift Papst Pius XI. das Thema wieder auf. In seiner Enzyklika *Quadragesimo anno* kommt er zu dem Schluss, »es sei unmöglich, gleichzeitig guter Katholik und wirklicher Sozialist zu sein« (QA 120). Pius XI. entfaltet in dem Papier das Subsidiaritätsprinzip, das bis heute zusammen mit dem Solidaritätsprinzip die beiden Grundpfeiler katholischer Soziallehre bildet. Subsidiarität bedeutet, dass Probleme und Aufgaben möglichst auf der gesellschaftlich oder institutionell untergeordneten Ebene gelöst werden sollen. Erst wenn das nicht möglich ist, soll die nächsthöhere Ebene das übernehmen. Dieses Prinzip versucht Papst Franziskus in Teilen mit dem Gedanken der Dezentralisierung auch auf die kirchliche Situation zu übertragen.

Johannes XXIII. führt 1961 die Tradition der Sozialenzykliken mit *Mater et magistra* fort. Wurde bis dahin der Gedanke des Gemeinwohls von den Päpsten stets auf eine Nation hin gedacht, spricht Johannes XXIII. von einem gesamtmenschlichen Gemeinwohl und weitet den Blick damit auf eine globale Perspektive aus. Damit kommen auch die Herausforderungen der Länder in den

Blick, die weniger stark entwickelt sind. *Mater et magistra* wird auch als »Mitbestimmungsenzyklika« bezeichnet, weil der Papst darin für die Arbeiter eine gerechte Teilhabe an betrieblichen Entscheidungsprozessen einfordert. *Pacem in terris,* das große Friedenslehrschreiben von Johannes XXIII. von 1963, stellt eine wichtige Wegmarke für die Entwicklung der katholischen Soziallehre dar. Denn der Papst würdigt die *Allgemeine Erklärung der Menschenrechte* der Vereinten Nationen von 1948 und ebnet damit den Weg dafür, dass die Idee der unveräußerlichen Menschenrechte und Grundfreiheiten konstitutiver Bestandteil der katholischen Soziallehre wird.

Als Papst Paul VI. 1967 seine Sozialenzyklika *Populorum progressio* veröffentlicht und darin einen ungehemmten Liberalismus sowie Auswüchse des Kapitalismus kritisiert, muss er sich den Vorwurf gefallen lassen, er sei Marxist. Das *Wall Street Journal* schreibt von einem »frisierten Marxismus«, der den armen Nationen nicht helfe, die nicht an einem Exzess des Kapitalismus litten, sondern an zu wenig davon. Franziskus ist also nicht der erste Papst, der für seine harsche Kapitalismuskritik von seinen Kritikern als Marxist abgestempelt wird. Dabei buchstabiert Paul VI. lediglich ganz konsequent die katholische Soziallehre auf globaler Ebene durch und fordert einen gerechten Ausgleich zwischen entwickelten und weniger entwickelten Ländern. Er nimmt den Zusammenhang zwischen Gerechtigkeit und Frieden in den Blick. Zwei Jahre nach Ende des II. Vatikanischen Konzils, das erstmals die »Sorgen und Nöte« der Menschen ganz bewusst in den Mittelpunkt kirchlichen Handelns gerückt und die weltumspannende Realität der katholischen Kirche ins Bewusstsein gerufen hatte, zieht der Papst daraus die Konsequenzen für die Soziallehre und fordert eine »solidarische Entwicklung der Menschheit«.

Papst Johannes Paul II. ist ein Kämpfer gegen den Kommunismus, aber er kritisiert ebenso die Auswüchse eines grenzenlosen

Kapitalismus. In seiner ersten Sozialenzyklika *Laborem exercens* erinnert er 1981 an das Prinzip, »das die Kirche immer gelehrt hat: das Prinzip des Vorranges der Arbeit vor dem Kapital«, d. h. der Vorrang des Menschen und der Menschenrechte auch im Bereich der Produktion und der Wirtschaft. Er warnt davor, »dass der Irrtum des primitiven Kapitalismus sich überall dort wiederholen kann, wo der Mensch in irgendeiner Weise dem Gesamt der materiellen Produktionsmittel gleichgeschaltet und so wie ein Instrument behandelt wird und nicht entsprechend der wahren Würde seiner Arbeit« (LE 7). Er erinnert an die Sozialpflichtigkeit des Eigentums und fordert: »Die gerechte Entlohnung für die Arbeit eines Erwachsenen, der Verantwortung für eine Familie trägt, muss dafür ausreichen, eine Familie zu gründen, angemessen zu unterhalten und für die Zukunft zu sichern« (LE 19). 1988 kritisiert Johannes Paul II. in der Enzyklika *Sollicitudo rei socialis* die »ausschließliche Gier nach Profit« sowie »Strukturen der Sünde« in Politik und Wirtschaft. »Wenn man gewisse Formen eines modernen ›Imperialismus‹ im Licht der moralischen Kriterien betrachten würde, könnte man entdecken, dass sich hinter bestimmten Entscheidungen, die scheinbar nur von Wirtschaft oder Politik getragen sind, wahrhafte Formen von Götzendienst verbergen: gegenüber Geld, Ideologie, Klasse oder Technologie« (SRS 37).

Auch Benedikt XVI. findet in seiner Sozialenzyklika *Caritas in veritate* 2009 deutliche Worte. Er macht sich die Aussage von Paul VI. vom »Skandal der schreienden Ungerechtigkeit« zu eigen: »Korruption und Illegalität gibt es leider im Verhalten wirtschaftlicher und politischer Vertreter der alten und neuen reichen Länder ebenso wie in den armen Ländern selbst. Manchmal sind es große transnationale Unternehmen oder auch lokale Produktionsgruppen, welche die Menschenrechte der Arbeiter nicht respektieren« (CV 22). Wie heute Franziskus fordert Benedikt XVI. einen Primat der Politik gegenüber der Wirtschaft durch eine entsprechende Reform der nationalen und internationalen Systeme: Nötig sei eine »echte politische Weltautorität« für die Steuerung der Globalisierung und eine »der moralischen Ordnung entsprechende Sozialordnung« (CV 67).

Franziskus baut also auf ein solides Fundament der katholischen Soziallehre, das allerdings in den letzten Jahren vor seiner Wahl zum Papst mehr oder weniger ein Schattendasein führte. Der erste Papst aus Lateinamerika holt sie ins Zentrum kirchlichen Handelns. Er denkt sie weiter angesichts der aktuellen Herausforderungen des 21. Jahrhunderts. Vor allen Dingen weitet er den Blick hin auf die Bewahrung der Schöpfung. Bereits Benedikt XVI. hatte sich sehr ausführlich des Themas angenommen. Doch mit Franziskus und der Enzyklika *Laudato si* hält es nun breit Einzug in die kirchliche Lehre. Es geht Franziskus um eine »ganzheitliche Entwicklung«.

Bei Franziskus vermengen sich die katholische Soziallehre, die trotz ihres universalen Ansatzes doch immer eine stark im europäischen und nordamerikanischen Kontext verhaftete Theorie geblieben ist, mit den befreiungstheologischen Gedanken Lateinamerikas und der konkreten Lebenserfahrung in seiner südamerikanischen Heimat. Franziskus ist kein Befreiungstheologe. Aber er ist von der Theologie Lateinamerikas geprägt. Er spricht wie selbstverständlich die Sprache der Befreiungstheologie. Entsprechend ist für ihn klar, wenn die Kirche die »Option für die Armen« ernst nimmt, muss sie sich auch in die politischen Belange einmischen, um eine menschenwürdige und gerechte Gesellschaft mit aufzubauen.

Mit Franziskus haben sich die alten Fronten in Bezug auf die Befreiungstheologie aufgelöst, auch wenn es nicht zu einer offiziellen Rehabilitierung der vom Vatikan gemaßregelten Theologen wie Leonardo Boff oder Ernesto Cardenal kam. Diese fühlen sich durch das Wirken von Franziskus dennoch bestätigt. Boff berichtet Anfang 2017 in einem Zeitungsinterview, Franziskus habe ihm gegenüber versöhnliche Töne angeschlagen und gesagt: »Ich will die ungerechte Strafe kompensieren, die über Sie verhängt wurde.« Auch habe ihn der Papst um Material für seine Enzyklika *Laudato si* gebeten. Davon sei, so Boff, viel übernommen worden.

Der brasilianische Befreiungstheologe ist es auch, der in der Folge von *Evangelii gaudium* mit seiner harschen Wirtschaftskritik darauf hinweist, dass für ein korrektes Verständnis von Franziskus neben den theologischen Wurzeln die Herkunft zu beachten ist. Der Papst habe in seinem Heimatland nicht den gezähmten europäischen Kapitalismus kennengelernt, sondern die »unzivilisierte Kapitalismus-Variante« seines Kontinents. Diese habe auf Kosten einer breiten Masse für einige wenige einen unermesslichen Reichtum gebracht. Jorge Mario Bergoglio wächst in Buenos Aires auf mit dem ständigen Gegensatz von extremer Armut und großem Reichtum. Er sieht, wie ab den 1960er-Jahren in Buenos Aires immer mehr Armenviertel, Villas genannt, entstehen. Heute leben dort zwölf Prozent der Bevölkerung von Buenos Aires, teilweise schon in der dritten Generation. 44 Prozent sind Kinder und Jugendliche unter 17 Jahren. In den einzelnen Villas leben bis zu 15.000 Menschen, darunter viele Migranten. Argentinien ist ein Einwanderungsland. Bergoglio selbst entstammt einer italienischen Einwandererfamilie, die nach der Ankunft in Buenos Aires in den 1920er-Jahren auch wirtschaftliche Krisen durchlebt. Ab der Jahrtausendwende sieht Erzbischof Bergoglio, wie Argentinien in eine der schwersten Wirtschaftskrisen seiner Geschichte schlittert, die mit dem Staatsbankrott am 1. Januar 2002 ihren Höhepunkt erreicht. Argentinien, ein Land, das aufgrund seiner Ressourcen und Wirtschaftskraft eigentlich prosperieren müsste, steht aufgrund von Korruption in Politik, Justiz und Wirtschaft am Abgrund. Im Land bricht eine Hungersnot aus. Es kommt zu Plünderungen. Menschen sterben bei Protestaktionen. Erzbischof Bergoglio erlebt die Ereignisse aus nächster Nähe mit. Auf der Plaza de Mayo in

Buenos Aires, an dem nicht nur die Kathedrale und der Wohnsitz Bergoglios liegen, sondern auch der Präsidentenpalast, demonstrieren die Menschen. Die Staatsmacht greift brutal durch.

Wie sehr diese Ereignisse das Denken Bergoglios prägen, wird deutlich in einem Zeitungsinterview aus dem Jahr 2002. Darin macht er das aus seiner Sicht verkehrte Wirtschaftssystem sowie die Gier nach Profit und Macht als Ursachen für die Probleme aus. Er spricht von der »Tyrannei des Marktes«, von »wirtschaftlichem und finanziellem Terrorismus«, der schuld daran sei, dass es kaum mehr eine Mittelschicht gebe, dafür aber immer mehr Reiche und immer mehr Arme. Der gegenwärtige »Imperialismus des Geldes« habe eindeutig das Gesicht eines Götzen. Wo es aber Götzendienst gebe, werde Gott negiert und damit auch die Würde des Menschen.

Das klingt wie ein Vorspiel zu *Evangelii gaudium,* in dem Bergoglio dann als Papst 2013 schreibt: »Die Finanzkrise, die wir durchmachen, lässt uns vergessen, dass an ihrem Ursprung eine tiefe anthropologische Krise steht: die Leugnung des Vorrangs des Menschen! Wir haben neue Götzen geschaffen. Die Anbetung des antiken goldenen Kalbs (vgl. Ex 32,1–35) hat eine neue und erbarmungslose Form gefunden im Fetischismus des Geldes und in der Diktatur einer Wirtschaft ohne Gesicht und ohne ein wirklich menschliches Ziel« (EG 55).

Jorge Mario Bergoglio ist schon immer ein Mann des klaren Wortes. Er will aufrütteln. Manchmal nimmt diese Sprache prophetische Züge an. Die Würzburger Synode spricht in den 1970er-Jahren in ihrem Beschluss zu »Entwicklung und Frieden« von einem »prophetischen Amt der Kirche«, das die Synodenteilnehmer gerade in den Sozialenzykliken der Päpste verwirklicht sehen. »Die Kirche – als Volk Gottes in der Geschichte – hat von ihrem Selbstverständnis her den zentralen Auftrag, mit prophetischer Kraft das, was Unrecht ist und Angst macht, offen beim Namen zu nennen, auf jene Änderungen, die dem Kommen der neuen Welt Gottes dienen, zu drängen und sie selber im Geiste Jesu beispielhaft zu leben.« Die Propheten fallen durch eine schonungslose Zeitanalyse und durch drastische Wortwahl auf. Sie wollen die Zeitgenossen aus der Gleichgültigkeit und Lethargie herausreißen, ihnen einen Spiegel vorhalten, damit sie erkennen, dass das Leben, das sie sich bequem eingerichtet haben, falschen Koordinaten folgt.

Bei seiner ersten Reise nach der Wahl, die Franziskus Anfang Juli 2013 auf die Mittelmeerinsel Lampedusa führt, wo er der tausenden toten Flüchtlinge gedenkt, die auf ihrem Weg nach Europa Jahr für Jahr ums Leben kommen, kritisiert er zum ersten Mal scharf die Haltung der »Gleichgültigkeit«. Vier Monate später erscheint *Evangelii gaudium*. Die Sprache wird deutlicher. »Wir haben die ›Wegwerfkultur‹ eingeführt, die sogar gefördert wird. Es geht nicht mehr einfach um das Phänomen der Ausbeutung und der Unterdrückung, sondern um etwas Neues: Mit der Ausschließung ist die Zugehörigkeit zu der Gesellschaft, in der man lebt, an ihrer Wurzel getroffen, denn durch sie befindet man sich nicht in der Unterschicht, am Rande oder gehört zu den Machtlosen, sondern man steht draußen. Die Ausgeschlossenen sind nicht ›Ausgebeutete‹, sondern Müll, ›Abfall‹« (EG 53). Die Kritik an der Wegwerfkultur wird zu einem Dauerthema des Pontifikats. Dabei geht es Franziskus nicht nur um die gewöhnliche Bedeutung des Begriffs als Kritik einer Überflussgesellschaft. Sondern es geht um die Menschen, die weggeworfen werden, die »Abfall« sind.

Michael Schäfers, ein deutscher Sozialethiker, spricht in seinem Buch *Prophetische Kraft der kirchlichen Soziallehre?* u. a. von der Armutsbewegung des 12. und 13. Jahrhunderts. Sie habe seinerzeit ein dreifaches »prophetisches Wächteramt« wahrgenommen: einmal »gegenüber den sich verfestigenden kirchlichen Strukturen«, die sich etwa in »Ermüdungserscheinungen« bei der Armenpflege der Kirchen und Klöster abzeichnete; zum anderen in Form der »Institutionskritik«. Die Bettelorden hätten die Kirche mit einer gänzlich anderen Einstellung zu Besitz und Macht konfrontiert. »Nicht ökonomische Machtabsicherung ist das Ziel, zu dem sie aufrufen, sondern unmittelbarer Rückruf in die Nachfolge Jesu unter Verzicht auf Besitz, Macht und Privilegien.« Schließlich habe die Armutsbewegung, so Schäfers, das vorherrschende Gesellschaftssystem kritisiert, weil sich in der Feudalgesellschaft Arm und Reich als Stände zu verfestigen drohten. Denn in der Vorstellung der damaligen Zeit hätte es der Armen bedurft, damit die Reichen ihrer Verpflichtung zum Almosengeben nachkommen und sich so einen Platz im Himmel sichern konnten. »Die so innerhalb der Ständegesellschaft zwischen Reichen und Armen gegebene Abhängigkeit steht in der Gefahr, Armut zu zementieren, weil sie für das Seelenheil der Reichen notwendig ist, und somit den Objektcharakter der Armen (›Hilfsobjekte‹) überbetonen.« Diese Vorstellung versuchten die Armutsbewegungen mit ihrer freiwilligen Armut zu durchbrechen, so Schäfers.

Der prominenteste Vertreter der Armutsbewegung im 13. Jahrhundert ist Franz von Assisi. In seine Tradition stellt sich Papst Franziskus. Die Kritik an verfestigten kirchlichen Strukturen, an einer Institution, die ihre Autorität auf Besitz, Privilegien und Macht aufbaut, sowie an einer Gesellschaftsordnung, die Menschen zu Objekten macht und Arme ausgrenzt, zieht sich durch das Wirken Bergoglios. Mit ihm kommt die kritische prophetische Stimme der Armutsbewegung ins 21. Jahrhundert, wird das Papstamt noch deutlicher zum »prophetischen Wächteramt«, das sich wie Franz von Assisi radikal an der Nachfolge Jesu orientiert. Das zeigt sich bei Franziskus nicht nur in den Worten, sondern auch in den Gesten. Bei der Fahrt entlang der Trennmauer zwischen Israel und den Palästinensergebieten lässt er in Betlehem das Papamobil stoppen, betet still mit dem Kopf an den nackten Beton gelehnt. Die israelische Regierung ist erzürnt. Bei seinem Besuch in Mexiko besucht er die Grenze zu den USA. Auf US-Seite weht an einem großen Lastenkran das überdimensionierte Sternenbanner im Wind. Franziskus steht unter einem großen Kreuz und winkt den Menschen auf der anderen Seite des Zauns zu. Er will Brückenbauer sein und nimmt dafür auch Kritik in Kauf. Franziskus wird zum »prophetischen Wächter«. Er geht aber weiter und fordert grundsätzlich ein »prophetisches Bischofsamt«, ja eine »prophetische Kirche«, die dann eine zutiefst politische Kirche ist, radikal verwurzelt im Evangelium.

Ist der Papst ein Marxist?
oder: Wohlstand, der keinen ausschließt

»Diese Wirtschaft tötet. Es ist unglaublich, dass es kein Aufsehen erregt, wenn ein alter Mann, der gezwungen ist, auf der Straße zu leben, erfriert, während eine Baisse um zwei Punkte in der Börse Schlagzeilen macht. Das ist Ausschließung. Es ist nicht mehr zu tolerieren, dass Nahrungsmittel weggeworfen werden, während es Menschen gibt, die Hunger leiden. Das ist soziale Ungleichheit« (EG 53). Die Wirtschaft ist ein ganz zentrales Thema für Papst Franziskus. Um genau zu sein, müsste man sagen: Die Gerechtigkeit und der Friede als Grundvoraussetzungen für ein Leben in Würde für alle Menschen sind die zentralen Themen von Papa Bergoglio, und da ein ganz entscheidendes Moment dabei die Wirtschaft ist, rückt sie in den Fokus. Alles politische und wirtschaftliche Handeln muss aus seiner Sicht am Gemeinwohl orientiert sein. Das ist für die Haltung eines Papstes zunächst keine Neuigkeit. Doch die Art und Weise, wie Franziskus dieses Unterfangen anpackt, ist doch anders als bei früheren Päpsten. Er hat die negativen Seiten der Globalisierung aus nächster Nähe erlebt. Er ist weder Politiker noch Wirtschaftsfachmann. Doch es ist auch nicht seine Aufgabe, Lösungen für die konkreten politischen und wirtschaftlichen Probleme anzubieten.

Franziskus fordert einen radikalen Systemwechsel – in Bezug auf die globale Wirtschaft, auf die Politik auf nationaler sowie internationaler Ebene und den Lebenswandel vor allem in den reicheren Ländern. Das ist eine unbequeme Botschaft und ruft deshalb selbstredend Kritiker auf den Plan. Davon lässt er sich allerdings nicht beirren. Der Papst ist überzeugt, ein »weiter so« kann es nicht geben, sonst steuert die Menschheit auf den Untergang zu. Nicht nur, dass sich die Konflikte innerhalb der einzelnen Nationen, aber auch auf globaler Ebene verschärfen werden, etwa durch die Zunahme der Flüchtlingsströme und der sich immer weiter öffnenden Schere zwischen Arm und Reich, sondern Franziskus ist überzeugt, dass ein »weiter so« eine ökologische Katastrophe zur Folge hätte, die die Lebensgrundlage der gesamten Weltgemeinschaft zerstören würde. Der Schlüssel zum Erfolg ist für ihn, genau wie im Bereich der Kirche: Der Mensch und das Gemeinwohl müssen wieder ins Zentrum allen politischen und wirtschaftlichen Handelns gestellt werden. »Der Mensch zuerst« lautet das Gebot der Stunde. »Wir müssen heute ein ›Nein zu einer Wirtschaft der Ausschließung und der Disparität der Einkommen‹ sagen«, ist das Kirchenoberhaupt überzeugt. Dabei meint er die Ausschließung auf zwei unterschiedlichen Ebenen: Zum einen sieht er durch das aktuelle Weltwirtschaftssystem ganze Länder von der Entwicklung und der gleichberechtigten Teilhabe am System ausgeschlossen; zum anderen bezieht sich die Ausschließung auf die einzelnen Gesellschaften, wenn etwa Personengruppen ausgeschlossen werden. Das sieht er in vielen Ländern bei den Alten und den Jungen gegeben. So beklagt Franziskus immer wieder die hohe Jugendarbeitslosigkeit, die es auch in Industrienationen gibt. Er nennt dann gern Italien und Spanien als Beispiel. Nach Angaben des Europäischen Statistikamts waren 2016 in Spanien über 44 Prozent der 15- bis 24-Jährigen arbeitslos, in Italien waren es knapp 38 Prozent. Papst Franziskus spricht angesichts dieser Zahlen davon, dass einer ganzen Generation die Zukunftsperspektive geraubt werde.

Bei der Verleihung des Karlspreises im Mai 2016 mahnt er die europäischen Politiker, dass es eine moralische Pflicht sei, »für eine gerechtere Verteilung der Früchte der Erde und der menschlichen Arbeit« zu sorgen. Es gelte daher, »würdige und lukrative Arbeitsplätze zu schaffen, besonders für unsere jungen Menschen«. Als geeignetes Wirtschaftsmodell benennt Franziskus bei dieser Gelegenheit die »soziale Marktwirtschaft«. »Es ist nötig, von einer Wirtschaft, die auf den Verdienst und den Profit auf der Basis von

Spekulation und Darlehen auf Zinsen zielt, zu einer sozialen Wirtschaft überzugehen, die in die Menschen investiert, indem sie Arbeitsplätze und Qualifikation schafft.« Die Arbeit ist für den Papst in der Tradition der katholischen Soziallehre ein ganz entscheidender Punkt. Die Arbeit verleiht dem Menschen eine Würde. Daher muss es möglich sein, dass der Mensch von seiner Hände Arbeit leben kann. Ein bedingungsloses Grundeinkommen wäre mit dem Papst nicht zu machen. In der Arbeit verwirklicht der Mensch das kreative Potenzial, das der Schöpfer in ihn gelegt hat. Daher spricht Franziskus immer wieder von den »drei t« als den Grundrechten jedes Menschen, die es zu verwirklichen gilt: tierra, techo, trabajo – Grund und Boden, ein Dach über dem Kopf und Arbeit. Das sind die drei Schlüsselbegriffe in der Sozialverkündigung des Papstes aus dem Süden.

Dafür müsse zunächst die Politik einen neuen Rahmen vorgeben, damit – wie es schon in Bezug auf die Kirche dargestellt wurde – wieder die richtigen Orientierungspunkte für das politische und wirtschaftliche Handeln gegeben sind: der Mensch und nicht der Gewinn und das Geld. »Eine Finanzreform, welche die Ethik nicht ignoriert, würde einen energischen Wechsel der Grundeinstellung der politischen Führungskräfte erfordern, die ich aufrufe, diese Herausforderung mit Entschiedenheit und Weitblick anzunehmen, natürlich ohne die Besonderheit eines jeden Kontextes zu übersehen. Das Geld muss dienen und nicht regieren!« (EG 58). Franziskus ist sich bewusst, dass seine Forderungen Kritik hervorrufen werden. Aber – so könnte man die Position des Papstes beschreiben –: »Hier stehe ich und kann nicht anders!«

In *Evangelii gaudium* klingt das dann so: »Der Papst liebt alle, Reiche und Arme, doch im Namen Christi hat er die Pflicht daran zu erinnern, dass die Reichen den Armen helfen, sie achten und fördern müssen. Ich ermahne euch zur uneigennützigen Solidarität und zu einer Rückkehr von Wirtschaft und Finanzleben zu einer Ethik zugunsten des Menschen« (EG 58). Gegen Ende wird er noch deutlicher: »Falls jemand sich durch meine Worte beleidigt fühlt, versichere ich ihm, dass ich sie mit Liebe und in bester Absicht sage, weit entfernt von jedem persönlichen Interesse oder einer politischen Ideologie. Mein Wort ist nicht das eines Feindes noch das eines Gegners. Es geht mir einzig darum, dafür zu sorgen, dass diejenigen, die Sklaven einer individualistischen, gleichgültigen und egoistischen Mentalität sind, sich von jenen unwürdigen Fesseln befreien und eine Art zu leben und zu denken erreichen können, die menschlicher, edler und fruchtbarer ist und ihrer Erdenwanderung Würde verleiht« (EG 208).

Trotzdem sieht sich Franziskus immer wieder scharfer Kritik ausgesetzt. Schon nach dem Schreiben *Evangelii gaudium* vom November 2013 wurde er als Marxist bezeichnet. Nach seiner Sozial- und Ökologienzyklika *Laudato si* im Sommer 2015 meldeten sich ebenfalls viele Kritiker zu Wort. Neben der Kritik an seiner radikalen Abrechnung mit dem vorherrschenden Weltwirtschaftssystem kam nun noch die an seiner Position zum Klimawandel hinzu. In der *Frankfurter Allgemeinen Zeitung* ist zu lesen: »Immer wieder verbinden sich die klassisch-katholischen Vorbehalte gegen eine ordoliberale Wirtschafts- und Gesellschaftsordnung mit den üblichen Verurteilungen aller möglichen Ismen von Anthropozentrismus über Konsumismus bis Hedonismus zu einem moralinsauren Gebräu. Versatzstücke von Verelendungs- und Weltverschwörungstheorien machen dieses ökologische Manifest mitunter ungenießbar.« Der Kommentator wirft, wie viele andere Kritiker, Franziskus in Bezug auf seine Grundthese, dass immer mehr Menschen ausgeschlossen werden, vor, ein »Zerrbild der Realität« zu zeichnen. »Durch die Anstrengungen der Weltgemeinschaft sind seit den neunziger Jahren viel mehr Entwicklungsziele verwirklicht worden oder ihrer Verwirklichung nähergekommen, als viele Skeptiker es vorhergesagt hatten.« Und die Statistik scheint den

Kritikern des Papstes Recht zu geben. Demnach lebten laut Weltbank 1990 weltweit 1,926 Milliarden Menschen in extremer Armut, 2015 waren es nur noch 836 Millionen Menschen, die weniger als 1,25 Dollar am Tag zum Leben hatten. Doch bei anderen Referenzgrößen sieht es gleich ganz anders aus. Setzt man die Grenze bei zwei Dollar am Tag, sind es schon wieder 2,5 Milliarden Menschen, die unter ärmlichsten Verhältnissen leben müssen.

Franziskus lässt sich nicht auf Zahlenspiele ein. Er sieht die Entwicklungen in den Ländern des Südens und andere Faktoren, wie die Jugendarbeitslosigkeit, die Tatsache, dass auch in den Industrienationen viele Menschen von einem Job nicht mehr den Lebensunterhalt ihrer Familie bestreiten können, die Unvereinbarkeit von Familie und Beruf vor allem für Alleinerziehende und kommt dann zu seinem Fazit: »weiter so geht nicht«. Er sieht es vor dem Hintergrund des Evangeliums als seine Aufgabe, von der Armut und ihrer Überwindung zu sprechen, auch weil das Kirchenoberhaupt die Polarisierung zwischen Arm und Reich als Ursache für Konflikte und Unsicherheit sieht. »Solange die Ausschließung und die soziale Ungleichheit in der Gesellschaft und unter den verschiedenen Völkern nicht beseitigt werden, wird es unmöglich sein, die Gewalt auszumerzen. Die Armen und die ärmsten Bevölkerungen werden der Gewalt beschuldigt, aber ohne Chancengleichheit finden die verschiedenen Formen von Aggression und Krieg einen fruchtbaren Boden, der früher oder später die Explosion verursacht« (EG 59).

Franziskus ist überzeugt, die nationalen Regierungen allein können den Problemen in einer globalisierten Welt nicht Herr werden. »Während das 21. Jahrhundert ein Regierungssystem vergangener Zeiten beibehält, ist es Schauplatz eines Machtschwunds der Nationalstaaten, vor allem weil die Dimension von Wirtschaft und Finanzen, die transnationalen Charakter besitzt, tendenziell die Vorherrschaft über die Politik gewinnt«, stellt er in seiner Enyzlika

Laudato si fest. Er schließt sich daher der Forderung seines Vorgängers Benedikt XVI. an, die dieser in seiner Enzyklika *Caritas in veritate* formuliert hat: »Um die Weltwirtschaft zu steuern, die von der Krise betroffenen Wirtschaften zu sanieren, einer Verschlimmerung der Krise und sich daraus ergebenden Ungleichgewichten vorzubeugen, um eine geeignete vollständige Abrüstung zu verwirklichen, sowie Ernährungssicherheit und Frieden zu verwirklichen, den Umweltschutz zu gewährleisten und die Migrationsströme zu regulieren, ist das Vorhandensein einer echten politischen Weltautorität, wie sie schon von meinem Vorgänger, dem [heiligen] Papst Johannes XXIII., angesprochen wurde, dringend nötig« (CV 67, zitiert nach LS 175). Franziskus fordert, wie schon seine Vorgänger, eine Reform der Vereinten Nationen und anderer internationaler Organisationen, damit diese »stärker und wirkkräftiger« werden und »mit der Macht ausgestattet sind, Sanktionen zu verhängen« (LS 175). Die internationale Zusammenarbeit ist aus Sicht von Papst Franziskus notwendig, weil nur so die globalen Finanz- und Wirtschaftsaktivitäten in den Griff zu bekommen sind. Sie ist aber auch unumgänglich, weil die Politik am Ende ein globales Gemeinwohl im Blick haben muss. Dieses kann auch erfordern, dass nationale Interessen gegenüber diesem globalen Gemeinwohl zurückstehen müssen. Das betrifft den Bereich des Wohlstandsniveaus, noch mehr aber Fragen im Zusammenhang mit der Bewahrung der Schöpfung.

Die Verantwortung der Politik für den notwendigen Kulturwandel ist das eine. Doch Franziskus sieht noch ein zweites, für ihn vielleicht noch wichtigeres Standbein für die notwendigen Veränderungen: das Volk. Wie im Bereich der Kirche ist für das Kirchenoberhaupt auch im Bereich des Politischen die Basis ein, vielleicht sogar der entscheidende Player für Veränderungen. »Uns ist aufgegeben, von ›unten her‹ einen kulturellen Wandel zu vollbringen«, wird Franziskus nicht müde zu betonen. Ein Zeichen ist der enge

Kontakt, den Franziskus zu den Sozial- und Volksbewegungen hält. Bereits drei Mal haben sich auf Initiative des Vatikans in den ersten fünf Jahren des Pontifikats Basisbewegungen aus der ganzen Welt getroffen, um über Armut und Gerechtigkeit zu debattieren. Mit dabei sind Landlosenbewegungen, Kleinbauernvereinigungen und Armenverbände vor allem aus Afrika, Asien und Lateinamerika. Im Zentrum der Beratungen standen in der Regel die »drei t«, für deren Verwirklichung der Papst eintritt: Land, Wohnung, Arbeit.

Seine Ansprachen bei diesen Gelegenheiten gleichen stets »kleinen Sozialenzykliken«. Dabei schlägt er durchaus kämpferische Töne an. Es gehe darum, »die paternalistische Wohlfahrtspolitik« zu überwinden, »dass man gegen die zerstörerischen Auswirkungen der Herrschaft des Geldes kämpft«. Das, so Franziskus beim ersten Treffen der Volksbewegungen im Vatikan Ende Oktober 2014, »muss mit Mut geschehen, aber auch mit Intelligenz. Mit Beharrlichkeit, aber ohne Fanatismus. Mit Leidenschaft, aber ohne Gewalt.«

Damals legte er offen, dass er ein klares Ziel verfolgt, weil er der Überzeugung ist, dass nicht über die Köpfe der Menschen hinweg entschieden werden darf, sondern sie gehört werden müssen. »Ihr arbeitet nicht mit Ideen, ihr arbeitet mit Realitäten wie jenen, die ich erwähnt habe, und vielen anderen, von denen ihr mir erzählt habt. Ihr steckt mit den Füßen im Schlamm und habt die Hände im Fleisch. Ihr riecht nach Viertel, nach Volk, nach Kampf! Normalerweise schenkt man eurer Stimme wenig Gehör – vielleicht, weil sie stört, vielleicht weil euer Aufschrei lästig ist oder die von euch geforderte Veränderung Angst macht. Doch ohne eure Präsenz, ohne wirklich in die Peripherien zu gehen, bleiben alle guten Vorschläge, alle Pläne, von denen wir bei internationalen Tagungen so oft hören, nur leere Worte. Wir wollen, dass man eure Stimme hört. Das ist mein Plan.« Es zeigt sich einmal mehr, dass das Handeln bei Franziskus von den vier Grundprinzipien geleitet ist, an dieser

Stelle vom Prinzip, dass die »Wirklichkeit wichtiger als die Idee« ist.

Hier betritt der Papst aus Lateinamerika Neuland. Zwar hatten bereits seine Vorgänger seit Johannes XXIII. das Engagement der »Freiheits- oder Emanzipationsbewegungen« positiv gewürdigt. Johannes Paul II. schreibt etwa in seiner Enzyklika *Laborem exercens* 1981 über die Arbeiterbewegung: »Will man die soziale Gerechtigkeit in den verschiedenen Teilen der Welt, in den verschiedenen Ländern und in den Beziehungen zwischen ihnen verwirklichen, bedarf es immer neuer Bewegungen von Solidarität der Arbeitenden und mit den Arbeitenden« (LE 8). Dabei achten die Päpste stets genau auf eine Unterscheidung zwischen sozialistischen Bewegungen, die abgelehnt werden, und Sozialbewegungen, die zunehmend Unterstützung erfahren. Doch bei Franziskus ist es nun mehr als nur Unterstützung. Er schreibt den Sozialbewegungen entscheidende Kompetenzen bei dem von ihm angestrebten Kulturwandel zu und entwickelt im Gespräch mit ihnen seine Theorien und lehramtlichen Aussagen. So beschränkt er sich bei der Enzyklika *Laudato si* nicht mehr allein auf den Rat von Experten sowie die bisherigen lehramtlichen Aussagen zum Thema, sondern greift auf den Sachverstand und Denkmodelle der Volksbewegungen zurück. Es dürfte kein Zufall sein, dass das erste Treffen mit den Gruppen im Herbst 2014 stattfand, in der heißen Phase der Entstehung der Sozial- und Ökologieenzyklika. Die inhaltliche Seite ist das eine; Franziskus bestärkt aber auch die Rolle der Basis in politischen Entscheidungsprozessen. »Immer ist es notwendig, den Konsens unter den verschiedenen gesellschaftlichen Akteuren einzuholen, die unterschiedliche Perspektiven, Lösungen und Alternativen beisteuern können. Einen privilegierten Platz in der Diskussion müssen jedoch die Einwohner vor Ort haben, die sich fragen, was sie für sich und für ihre Kinder wollen, und die auch Ziele in Betracht ziehen können, die das unmittelbare wirtschaftliche Interesse übersteigen« (LS 183). In diesem Sinne versucht Franziskus auch die Indigenen in ihren Anliegen zu unterstützen. Damit diese basisdemokratischen Elemente funktionieren können, braucht es die entsprechenden Rahmenbedingungen einer funktionierenden Demokratie. Franziskus setzt übrigens noch an einer anderen Stelle auf die Macht der Basis, wenn er zu einem verantwortlichen Lebensstil aufruft. »Eine Änderung der Lebensstile könnte dazu führen, einen heilsamen Druck auf diejenigen auszuüben, die politische, wirtschaftliche und soziale Macht besitzen« (LS 206).

Die Zukunft der Menschheit liegt nicht nur in der Hand der Politiker und der großen Konzerne. Vielmehr kommt es aus Sicht von Franziskus auf jeden Einzelnen an. »Es reicht ein Mensch, damit es Hoffnung gibt, und dieser Mensch kannst du sein«, sagt er Ende April 2017 in einer Videobotschaft an die Teilnehmer der Innovationskonferenz für Technologie, Unterhaltung und Design – kurz TED – in Kanada. In der »Nacht der Konflikte« könne jeder einzelne Mensch eine Kerze sein und daran erinnern, dass Licht Schatten besiege. Wenn sich dann mehrere Menschen vereinten, beginne eine Revolution, so Franziskus. Er appelliert an die Entscheider und setzt zugleich auf Veränderung von unten. Denn der Pontifex ist überzeugt, nur ein radikaler Paradigmenwechsel in Richtung einer gerechteren Weltordnung kann eine friedliche Zukunft für den Menschen möglich machen.

Weil Franziskus davon überzeugt ist, dass die Veränderung von unten kommen muss, ist ihm der Kontakt zur Basis so wichtig. Eine Kirche kann dann gesellschaftsprägend sein, wenn sie die Menschen für ihre Positionen gewinnt. Das geht aus Sicht Bergoglios dann am besten, wenn die Kirche nahe bei den Menschen ist und ihr Leben mit seinen Höhen und Tiefen teilt. Dabei geht er mit gutem Beispiel voran.

Ein Pfarrer macht Weltpolitik
oder: Die wahre Macht ist der Dienst

»Das, was mir, ehrlich gesagt, gefällt, ist Pfarrer sein, Hirte sein. Ich mag nicht gern die Büroarbeiten machen. Diese Arbeiten gefallen mir nicht. [...] Ich bin gern Papst im Stil eines Pfarrers. Der Dienst. Mir gefällt es, das heißt im Sinn, dass ich mich dabei gut fühle, wenn ich die Kranken besuche, wenn ich mit Menschen spreche, die ein wenig verzweifelt, traurig sind. Ich liebe es sehr, das Gefängnis zu besuchen. [...] Papst sein heißt Bischof sein, Pfarrer sein, Hirte sein. Wenn ein Papst nicht Bischof ist, wenn ein Papst nicht Pfarrer ist, nicht Hirte ist, dann mag er ein sehr intelligenter Mensch sein, sehr wichtig sein, großen Einfluss in der Gesellschaft haben, aber ich denke – so denke ich! –, in seinem Herzen ist er nicht glücklich.« Die Augen leuchten, als Franziskus Mitte November 2015 in der evangelischen Christuskirche in Rom mit diesen Worten auf die Frage eines Jungen antwortet, was ihm am meisten daran gefällt, Papst zu sein.

Er hätte noch hinzufügen können, dass ihm die protokollarischen Dinge keinen Spaß machen. Das sieht man regelmäßig bei Staatsbesuchen. Wenn Franziskus neben dem Staatschef auf einem Podium den Nationalhymnen lauscht, sieht man seiner Miene an, dass er das Protokoll nicht mag. Das Bild mit dem ernst blickenden Papst neben dem lächelnden US-Präsidenten Donald Trump Ende Mai 2017 ging um die Welt und sollte als Beweis dafür dienen, dass Franziskus seinen Gast nicht wirklich mag und kritisch sieht. Doch die Bilder sind austauschbar. Auch bei anderen Gästen macht Franziskus oft böse Miene zum protokollarischen Spiel. Umgekehrt findet man auch bei der Audienz mit Trump jede Menge Fotos mit einem lächelnden Papst. Es heißt, ein Lieblingswitz von Franziskus sei die Frage, was Terroristen von Protokollbeauftragten unterscheidet – Antwort: »Mit Terroristen kann man verhandeln.«

Er mag das Protokoll nicht, genauso wenig den großen Auftritt im politischen Kontext, und dennoch spielt er auf der politischen Weltbühne ganz oben mit. Auf der Liste der mächtigsten Menschen der Welt liegt laut US-Wirtschaftsmagazin *Forbes* Papst Franziskus 2016 auf Platz 5 nach den Präsidenten Wladimir Putin und Donald Trump, Bundeskanzlerin Angela Merkel und Chinas Staatspräsident Xi Jinping. Und das, obwohl er weder über reale politische noch über wirtschaftliche Macht verfügt.

Der Befreiungstheologe Leonardo Boff stellt im April 2017 in einem Interview fest, Franziskus sei ein wichtiger »Referenzpunkt für die Politik«. Es gebe einen »Mangel an Propheten, an profilierten Personen, die für die Welt sprechen können«. Franziskus ist die einzige moralische Autorität mit politischer Ausstrahlung, die bündnisfrei agieren kann. Der Papst handelt unabhängig und geht in der Regel keine politischen Allianzen ein. Das ist nicht neu. Die Vermittlung von Johannes XXIII. in der Kubakrise 1962 wurde bereits erwähnt. Anfang des Jahrtausends bemühten sich US-Präsident George W. Bush und seine Koalitionäre vergeblich um den Segen von Papst Johannes Paul II. für den Irakkrieg. Wie seine Vorgänger lehnte der den Krieg als Mittel zur Konfliktlösung ab und verhinderte damit, dass der Eindruck entstehen konnte, es gehe um einen Konflikt zwischen dem »christlichen Westen« und dem Islam. Zu Beginn der Amtszeit von Johannes Paul II. im Jahr 1978 hatten 84 Staaten diplomatische Beziehungen mit dem Heiligen Stuhl. Anfang 2018 sind es 183. Den Vereinten Nationen gehören zum selben Zeitpunkt 193 Staaten an. Die Politik sucht den Kontakt zum Heiligen Stuhl und jeder Papst gibt der politischen Dimension seines Amts eine eigene Prägung.

In der Botschaft zum ersten katholischen Welttag der Armen im November 2017 schreibt Franziskus: »Das ist gewiss eines der ersten Zeichen, durch das die christliche Gemeinschaft auf der Bühne dieser Welt in Erscheinung tritt: der Dienst an den Ärmsten.« In dieser Botschaft, die wie in einem Brennglas die Gedanken des Papstes zum Thema Armut zusammenfasst, macht Franziskus deutlich, dass heute die Armut weiter gedacht werden müsse als nur in materieller Hinsicht. Sie sei einerseits schwer zu identifizieren, zugleich fordere sie aber auf vielfältige Weise heraus, »indem sie uns mit tausenden Gesichtern anschaut, die gezeichnet sind von Schmerz, Ausgrenzung, Missbrauch, Gewalt, Folter, Gefängnis, von Krieg, vom Entzug von Freiheit und Würde, fehlenden Bildungschancen und Analphabetismus, Gesundheitsnotlagen und Arbeitslosigkeit, Menschenhandel, Sklaverei, Exil, Elend und erzwungener Migration. Die Armut hat das Gesicht von Frauen, Männern und Kindern, die aus niederträchtigen Interessen ausgebeutet werden, niedergetrampelt von der perversen Logik der Macht und des Geldes. Diese grausame und nie vollständige Liste ist man gezwungen, angesichts einer Armut zusammenzustellen, die die Frucht sozialer Ungerechtigkeit sowie moralischen Elends, der Habgier weniger und der allgemein verbreiteten Gleichgültigkeit ist.«

Das Tableau ist riesig, das der Papst hier benennt. Es sind die Themen, die er in unterschiedlichen Kontexten immer wieder anspricht. Dabei arbeitet Franziskus stets in zwei Stoßrichtungen. Zum einen sucht er den Draht zu den Verantwortlichen in Politik und Wirtschaft, um ihnen im wahrsten Sinne des Wortes ins Gewissen zu reden. Zum anderen wird er selbst aktiv oder animiert kirchliche Stellen, sich konkreter Themen aus den genannten Problemfeldern anzunehmen. So fällt auf, dass sich gleich mehrere vatikanische Behörden seit dem Amtsantritt von Papst Franziskus verstärkt Themen der nachhaltigen Entwicklung und des Umweltschutzes sowie dem Menschenhandel und der modernen Sklaverei widmen. So entstand unter Mitwirkung der Päpstlichen Sozialakademie im April 2014 die so genannte »Santa Marta Group – zur Vorbeugung von Menschenhandel und moderner Sklaverei«. Ziel der Gruppe ist es, die Zusammenarbeit der nationalen und internationalen Polizeibehörden mit Vertretern aus Politik, Justiz und Kirche zu fördern, um dadurch den Kampf gegen Menschenhandel und moderne Sklaverei effektiver zu gestalten. Das deutsche Bundeskriminalamt ist von Anfang an dabei und sieht in der Santa Marta Group einen großen Vorteil gegenüber anderen Formen der internationalen Zusammenarbeit auf diesem Gebiet. Dadurch, dass die katholische Kirche mit am Tisch sitzt, die wie keine andere Organisation über den ganzen Globus vernetzt ist, ist ein wichtiger Informationsaustausch möglich, den es sonst nicht gäbe.

Neben dem Engagement der Santa Marta Group lädt die Päpstliche Sozialakademie Richter und Staatsanwälte, Bürgermeister großer Metropolen und andere Entscheidungsträger zu internationalen Konferenzen in den Vatikan ein. Im Dezember 2014 unterzeichneten Vertreter verschiedener Religionen eine *Gemeinsame Erklärung gegen moderne Sklaverei*. Darin werden »Menschenhandel, Zwangsarbeit, Prostitution, Organhandel und jede Form der Beziehung, die gegen die fundamentale Überzeugung, dass alle Menschen gleich sind und dieselbe Freiheit und Würde besitzen«, als ein »Verbrechen gegen die Menschheit« bezeichnet. Ähnliche Anstrengungen gibt es für den Bereich der Migration, für die Frage der nachhaltigen Entwicklung und des Umweltschutzes sowie für den Umgang mit Korruption in Politik und Wirtschaft. Dabei nutzt der Papst natürlich seine Popularität. Kaum ein Gesprächspartner kann sich den Initiativen des Vatikans entziehen, wenn es um den Aufbau einer menschenwürdigeren Gesellschaft geht.

Wenn sich die Möglichkeit bietet, lanciert Franziskus seine Botschaften auch auf den großen politischen Bühnen. Sei es im US-Kongress in Washington oder vor der UN-Vollversammlung in New York, vor dem Europaparlament in Straßburg oder dem UN-Umweltprogramm in Nairobi. Nach einem Treffen mit Franziskus hat jeder »sein Päckchen« zu tragen. Denn der Papst lässt sich nicht in eine bestimmte Schublade stecken, um auf der politischen Ebene eine Partei bevorzugt zu bedienen. Bei seiner Rede im US-Kongress Ende September 2015 etwa rief er dazu auf, Einwanderung positiv zu sehen, den Klimawandel und die Armut zu bekämpfen, wohl sehr zum Missfallen der Republikaner. Die freuten sich hingegen über die Worte des Papstes zum Lebensschutz, was den Demokraten nicht so gefallen haben dürfte. Er ließ es sich bei der Gelegenheit auch nicht nehmen, den Waffenhandel und die Todesstrafe zu kritisieren.

Und wie Franziskus so ist: Den Worten folgen Taten. Vom Kongress fuhr er direkt in ein Caritaszentrum zur Armenspeisung. US-Medien schrieben im Anschluss, Franziskus habe mit dem nahtlosen Übergang von der Machtelite zu den Armen einen »provokativen Kontrast« geschaffen. Franziskus weiß, dass ihm bei solchen Reisen die Weltpresse auf den Fersen ist und damit eine große mediale Öffentlichkeit für sein Tun gewährleistet ist. Für Gastgeber ist er kein bequemer Besucher, weil er auf die Schattenseite des Lebens aufmerksam macht, indem er die Orte aufsucht, die man eigentlich nicht gern zeigen möchte. Dazu gehören mit großer Vorliebe Gefängnisse. Denn Franziskus ist überzeugt, »dass die Gefängnisse ein Anzeichen für den Zustand unserer Gesellschaft sind«. Sie sind aus seiner Sicht die Folge, wenn in einer Gesellschaft die »soziale Gesundheit« nicht mehr gegeben ist. So wird ein Pastoralbesuch in einem Gefängnis zu einem politischen Statement. Das gilt auch für seine zahlreichen Begegnungen mit Flüchtlingen. Er sieht sich als Seelsorger in der Pflicht und wird dabei zum Politiker.

Sein Auftreten und seine Haltung verleihen ihm Autorität und Ansehen. Da braucht es oft gar keine großen Worte mehr. Allein die Bilder sprechen eine deutliche Sprache. Wenn Papst Franziskus mit einem Fiat 500 im Weißen Haus vorfährt, beim mächtigsten Mann der Welt, ist das eine Botschaft, die die Menschen rund um den Globus verstehen. Die Authentizität begründet Glaubwürdigkeit und Autorität. Bei Franziskus haben viele Menschen den Eindruck, dass »Sollen« und »Sein«, Wort und Tat übereinstimmen.

Und es kommt ein Weiteres hinzu. Sie erleben ihn trotz seines hohen Amts nahe bei den Menschen. In einer Zeit, in der viele Menschen einen Gegensatz sehen zwischen »denen da oben« und »uns hier unten«, zwischen den Entscheidern oben und dem Volk unten, versucht er, eine Brücke zu schlagen. Der Pontifex gibt den einfachen Menschen das Gefühl, ernst genommen zu werden, unter anderem, weil er eben dahin geht, wo sonst die Mächtigen der Welt nicht sind: in die Gefängnisse dieser Welt, in Einrichtungen für Menschen mit Behinderung, für Obdachlose. Franziskus nimmt sich Zeit für die Menschen. Bei einer Audienz Ende September 2016 für die Angehörigen der Opfer und Betroffenen des Attentats von Nizza vom Juli des Jahres geht er in der vatikanischen Audienzhalle durch die Reihen und schüttelt die Hände von mehreren hundert Menschen, wechselt gelegentlich ein kurzes Wort. Über eineinhalb Stunden dauert die Veranstaltung. Bei den Anwesenden hinterlässt sie einen bleibenden Eindruck. Dabei hatte er den Menschen nicht nur tröstende Worte zugesprochen, sondern hatte durchaus auch eine klare Botschaft für sie: »Wenn die Versuchung groß ist, sich in sich selbst zu verschließen oder auf Hass mit Hass oder auf Gewalt mit Gewalt zu antworten, dann ist eine echte Umkehr des Herzens notwendig. Das ist die Botschaft, die das Evangelium Jesu an uns alle richtet. Auf die Angriffe des Teufels kann man nur mit den Werken Gottes antworten: mit Vergebung, Liebe und Achtung des Nächsten, auch wenn er anders ist.«

Vielleicht ist es gerade diese Mischung, die den Papst für viele Menschen zu einer authentischen Person macht und ihm Gehör verschafft: die Verbindung aus bescheidenem Auftreten, unmissverständlicher Botschaft, die mal scharfe Kritik sein kann, mal Mut machende Rede, und schließlich der Tatsache, dass er eine klare Vision hat. Sein Engagement dient einer Welt in Gerechtigkeit und

Frieden. Dabei tritt noch stärker als bei seinen Vorgängern zu Tage, dass es in seinem ganzen sozialpolitischen Engagement um alle Menschen geht und nicht nur um die »eigene Herde«. Er möchte keine Privilegien für die Christen. Vielmehr setzt er sich, etwas überspitzt formuliert, dafür ein, dass jeder nach seiner Façon selig werden kann. Das schließt das Engagement für Religionsfreiheit ein. Gerade im Dialog mit Vertretern anderer Religionen fordert er die Möglichkeit der freien Religionsausübung für alle. Jeder Mann und jede Frau seien Kinder Gottes.

Mit dieser Position eckt er in konservativ-katholischen Kreisen einmal mehr an. Die sehen die Gotteskindschaft eines Menschen an die Taufe gebunden und beschränken den Gedanken auf eine rein christliche Sicht. Diesem Heilsexklusivismus früherer Zeiten schließt sich Franziskus nicht an. Er denkt weiter. Wenn ein Christ der Überzeugung ist, dass Gott der Schöpfer aller Dinge ist, dann auch aller Menschen. Damit sind alle Menschen Kinder Gottes und müssen ihren Glauben, der Ausdruck der Beziehung zu ihrem Gott ist, auch leben können. Jeder müsse daher die Freiheit haben, seinem Glauben Ausdruck verleihen zu können, und zwar nicht nur am Rande einer Gesellschaft, sondern in deren kulturellem Zentrum, erklärt er Mitte Mai 2016 in einem Interview mit der französischen katholischen Tageszeitung *La Croix*. Das Kopftuchverbot in Frankreich kritisiert er in diesem Zusammenhang als »übertriebene Laizität«: »Wenn eine muslimische Frau ein Kopftuch tragen will, muss sie das tun können, ebenso wie ein Katholik, der ein Kreuz tragen will.«

Franziskus ist für eine strikte Trennung von Staat und Kirche, aber gegen ein Abdrängen des Religiösen ins rein Private. Denn ein Staat müsse immer offen sein für das Transzendente. Ein übertriebener »Laizismus verschließt die Tür vor der Transzendenz, der doppelten Transzendenz: nämlich der gegenüber den anderen und der gegenüber Gott – oder dem, was uns übersteigt. Die Öffnung zur Transzendenz gehört zum Wesen des Menschen.« An dieser Stelle geht es aus Sicht des Papstes nicht um das Thema Religion, sondern um eine anthropologische Frage. Respektiere eine Kultur oder ein politisches System »die Öffnung zur Transzendenz« des Menschen nicht, respektiere es letztendlich den Menschen nicht. Daher müsse es in einem gesunden Staat einen Platz für Religion in der Öffentlichkeit geben. Entsprechend betont Franziskus wie auch schon seine Vorgänger, dass die katholische Kirche stets bereit ist, am Aufbau der Gesellschaften in den einzelnen Nationen mitzuwirken. Für Franziskus liegt in einer echten Öffnung für das Transzendente ein entscheidender Schlüssel für eine bessere Zukunft für die Menschen. »Ich bin überzeugt, dass sich von einer Öffnung für die Transzendenz her eine neue politische und wirtschaftliche Mentalität bilden könnte, die helfen würde, die absolute Dichotomie zwischen Wirtschaft und Gemeinwohl zu überwinden« (EG 205).

Nie wieder Krieg!
oder: Nur Gerechtigkeit schafft Frieden

»Es gibt eine Art Dritter Weltkrieg, der ›stückweise‹ geführt wird; und im Bereich der globalen Kommunikation nimmt man ein Klima des Krieges wahr. Es gibt welche, die ein solches Klima absichtlich schaffen und schüren wollen, insbesondere jene, die den Zusammenstoß zwischen verschiedenen Kulturen und Zivilisationen suchen, und auch jene, die mit den Kriegen spekulieren, um Waffen zu verkaufen.« Mit der Fortdauer des Pontifikats gewinnt das Thema Krieg und Frieden für Papst Franziskus zunehmend an Bedeutung. Wie in der Predigt bei seinem Besuch in Sarajevo im Juni 2015 kommt er immer wieder auf den »Dritten Weltkrieg in Teilen« zu sprechen, der aus seiner Sicht seit geraumer Zeit im Gange ist. Er bezieht sich dabei auf die zahlreichen Konflikte rund um den Globus – in Afrika, im Nahen Osten mit den Konflikten im Heiligen Land, im Irak, in Syrien, aber auch im Jemen, im Sudan, in Afghanistan oder in der Ukraine. »Krieg ist die Zerstörung von uns selbst«, so Franziskus bei einem Gottesdienst zu Allerseelen 2017 auf einem amerikanischen Militärfriedhof in der Nähe von Rom. Die Menschheit habe die Lektionen des Kriegs noch nicht gelernt. »Nie wieder Krieg, nie wieder dieses sinnlose Schlachten.« In das Gedenkbuch des Friedhofs schreibt er: »Dies sind die Früchte des Kriegs: Hass, Tod und Blutrache. Vergib uns, Vater!« Doch Franziskus ist realistisch, dass trotz allem Engagement der Friede nicht von einem Tag auf den anderen zu realisieren ist. Deshalb müssten die Christen und alle Menschen guten Willens dem »Weltkrieg in Teilen« einen »Frieden in Teilen« entgegensetzen. Deshalb sei jedes noch so kleine Engagement für den Frieden ein Zeichen der Hoffnung. Eben jenes »Licht der Hoffnung«, das eine einzelne Kerze in einen dunklen Raum bringt, vom dem Franziskus in seiner Botschaft an die TED-Konferenz sprach.

Viele Elemente der Friedenspolitik von Papst Franziskus wurden an anderer Stelle schon genannt: Die Kultur der Begegnung und des Dialogs, sein Kampf gegen Ungerechtigkeit und Ausgrenzung sowie sein Einsatz für eine ökologische Wende sind letzten Endes friedensstiftende Maßnahmen. Sie gehören alle zum »Handwerk Frieden«, denn, so Franziskus in Sarajevo, Jesus habe nicht gesagt: »Selig, die Frieden predigen« (vgl. Mt 5,9). »Denn alle sind fähig, ihn zu verkünden, auch in scheinheiliger oder sogar lügnerischer Weise. Nein. Er sagt: ›Selig, die Frieden stiften‹; das heißt, die ihn herstellen.« Und wenn es um die Basis des Friedens geht, verweist Franziskus auf den Propheten Jesaja mit der Feststellung: »Das Werk der Gerechtigkeit wird der Friede sein« (Jes 32,17). Auch hier gehe es nicht um schöne Worte, sondern um die »praktizierte und gelebte Gerechtigkeit«. Immer wieder kommt Franziskus auf diese Deckung von Wort und Tat zu sprechen. Das gilt für seine harsche Kritik am Waffenhandel. Wer sich als christlich bezeichne, dürfe weder Waffen herstellen noch sie verkaufen oder in Waffenfabriken investieren, stellt er bei einer Begegnung mit Jugendlichen im Juni 2015 in Turin klar. »Es gibt jene Heuchelei, von Frieden zu sprechen und Waffen herzustellen, und sogar die Waffen an diesen zu verkaufen, der sich mit jenem im Krieg befindet, und auch an jenen, der sich im Krieg mit diesem befindet!« Letztendlich gehe es um »Geld, das von Blut trieft«, so Franziskus im US-Kongress. Aus Sicht des Papstes ist es sinnloses Blut, denn die Waffen werden letzten Endes die Konflikte nicht lösen können. Es müssten vielmehr die Ursachen bekämpft werden. Hass rufe neuen Hass hervor, Gewalt erzeuge neue Gewalt, Krieg neuen Krieg. Es gehe darum, diese Spirale zu durchbrechen.

Auch hier arbeitet Franziskus wieder auf verschiedenen Ebenen. Der Friede fängt bei jedem Einzelnen an. Vergebung, Dialog, Zusammenarbeit und Erziehung sind für ihn hier die Schlüssel zum Erfolg. Solange der einzelne »Friedenshandwerker« selbst kein Unrecht und Leid erfahren hat, lassen sich diese vier Elemente vielleicht noch recht leicht verwirklichen. Doch für die Opfer von Gewalt und Krieg ist es eine große Herausforderung, sich auf diesen Prozess der Versöhnung, der letztlich eine Grundvoraussetzung für einen dauerhaften Frieden ist, einzulassen. Was das konkret bedeutet, konnte man bei der Papstreise nach Kolumbien Anfang September 2017 erahnen. Ein halbes Jahrhundert lang herrschte in dem Land brutale Gewalt und Terror. Die Zahl der Opfer geht in die Millionen. Seit einigen Jahren ist nun ein Friedens- und Versöhnungsprozess in Gang, den die katholische Kirche und Papst Franziskus nach Kräften unterstützen. Der macht bei seinem Besuch deutlich, dass für ihn Versöhnung nicht bedeutet, »Unterschiede und Konflikte zu verkennen oder zu verschleiern«. Für ihn sind Wahrheit, Gerechtigkeit und Barmherzigkeit die zentralen Säulen für das Gelingen des Friedensprozesses. Der Friede fordert also einen hohen Preis. Die Täter müssen zu ihren Taten stehen, bereuen und zur Wiedergutmachung bereit sein. Die Opfer müssen den schweren Schritt gehen, die »verständliche Versuchung zur Rache« zu überwinden.

Das Beispiel Kolumbien zeigt übrigens auch etwas über die päpstliche Reisechoreografie. Über vielen seiner Reisen könnte die Überschrift »Friedensmission« stehen. Meist geht es bei den Besuchen neben der Bestärkung der Ortskirchen um Dialog und Versöhnung sowie die Bekämpfung von Armut und Ungerechtigkeit als Ursachen von Konflikten. Oder aber er besucht Länder, weil er auf das gut funktionierende Miteinander verschiedener Religionen oder Ethnien aufmerksam machen möchte. Etwas Besonderes dürfte für Franziskus sicherlich die Reise im September 2015 nach Kuba und in die Vereinigten Staaten gewesen sein. Hatte er doch wesentlichen Anteil daran, dass die jahrzehntelange Eiszeit zwischen den beiden Ländern ein Ende fand und es zu einer Annäherung kam.

Der Vatikan setzt im Pontifikat von Papst Franziskus verstärkt auf Mediation in Konflikten. Dafür wurde im vatikanischen Staatssekretariat eigens eine kleine Abteilung geschaffen, die sich mit aktuellen Konflikten beschäftigt. Zum einen geht es dort um die Bewertung von Möglichkeiten einer Mediation, zum anderen um die Frage, in welchem Umfang Kriegsparteien humanitäre Bemühungen zulassen. Als die USA 2014 unter Präsident Barack Obama noch das Ziel verfolgen, das Gefangenenlager Guantanamo aufzulösen, bitten sie den Vatikan, »bei der Suche nach passenden humanitären Lösungen für die derzeitigen Insassen« mitzuhelfen. Im Sommer 2017 schaltet sich Franziskus in die Krise zwischen Nord- und Südkorea ein. Er trifft sich mit Religionsvertretern aus Südkorea und bittet Kardinal Gregorio Rosa Chavez aus El Saldavor, vor Ort Gespräche zu führen. Immer wieder gibt es Vermittlungsversuche an den verschiedenen Krisenherden der Welt. Der große Vorteil der vatikanischen Diplomatie ist, dass sie sehr dezent arbeitet.

Nicht immer allerdings sind die Vermittlungsbemühungen von Erfolg gekrönt. Das gilt für den Konflikt in Venezuela. Das südamerikanische Land steckt seit 2014 in einer schweren wirtschaftlichen und politischen Krise. Papst Franziskus hatte im Herbst 2016 eigens einen Sondergesandten in das südamerikanische Land geschickt, um in dem Konflikt zwischen der sozialistischen Regierung von Präsident Nicolás Maduro und der bürgerlich-konservativen Opposition zu vermitteln. Doch das Unterfangen scheiterte. Auch ein Jahr später ist keine Lösung in dem Konflikt in Sicht. Papst Franziskus' Haltung wurde von der Opposition in Caracas wiederholt scharf kritisiert, weil er Maduro mehrfach im Vatikan getroffen hatte und damit den Eindruck erweckte, er stütze dessen Position. Das stärkere politische Engagement in Konflikten ist also nicht ohne Gefahr für den Papst. Doch der verfährt nach der Devise, dass dort, wo Konfliktparteien zu Gesprächen bereit sind, die Kirche auch als Mediator zur Verfügung steht.

Die Friedensarbeit von Papst Franziskus hat neben der persönlichen Ebene, der Reisediplomatie und den konkreten Vermittlungsbemühungen auch eine spirituelle Dimension. Im September 2013, als im Syrienkonflikt ein Einmarsch von US-Truppen droht, ruft der Papst zu einem weltweiten Fasten- und Gebetstag auf, an dem sich vereinzelt auch Angehörige anderer Konfessionen und Religionen beteiligen. Franziskus selbst feiert auf dem Petersplatz eine Gebetsvigil mit mehreren zehntausend Teilnehmern. Sie ist mit über vier Stunden die längste Papstliturgie der Neuzeit. Der Truppeneinmarsch findet nicht statt; allerdings geht das Leiden der syrischen Bevölkerung weiter. Im Juni 2014 lädt Franziskus die Präsidenten Israels und der Palästinenser zum Friedensgebet in die Vatikanischen Gärten. Auch hier führt das Gebet nicht zu einem unmittelbaren Erfolg. Im Gegenteil: Im Sommer 2014 droht der Ausbruch einer dritten Intifada. Im November 2017 findet im Petersdom ein Friedensgebet für den Südsudan und die Demokratische Republik Kongo statt. Eigentlich wollte Franziskus die beiden Länder 2017 besuchen. Doch die Sicherheitslage ließ es nicht zu. Wenn er nicht selbst dorthin reisen kann, will er wenigstens für die Länder beten. Der Pontifex lässt sich trotz der »Misserfolge« nicht beirren. Er ist überzeugt, dass viele Menschen aus den Gebeten Hoffnung schöpfen können, und sieht sie als ein Zeichen der Solidarität mit den Betroffenen. Den wirklichen Frieden, so Franziskus, kann am Ende nur Gott geben. Daher sind für ihn diese spirituellen Momente genauso wichtig wie seine anderen Bemühungen für den Frieden.

Dazu gehört dann auch die Theorie. Das Kirchenoberhaupt macht sich Gedanken über Krieg und Frieden, über die weltweite Sicherheitsarchitektur. Dabei geht er durchaus neue Wege, denkt die katholische Lehre von Krieg und Frieden weiter. Zum katholischen Weltfriedenstag am 1. Januar 2017 sorgt Franziskus für Aufsehen mit seiner Forderung nach »aktiver Gewaltfreiheit«.

Aus seiner Sicht ist das keine Utopie. Sie dürfe nicht im Sinne von »Kapitulation, Mangel an Engagement und Passivität« verstanden werden, erklärt er. Vielmehr könne »entschieden und konsequent praktizierte Gewaltfreiheit« zu Frieden und mehr Gerechtigkeit führen. Als Beispiele nennt er den Einsatz Mahatma Gandhis und Khan Abdul Ghaffar Khans bei der Befreiung Indiens, die Erfolge Martin Luther Kings jr. gegen die Rassendiskriminierung und den friedlichen Sturz der kommunistischen Regime in Europa. Gewalt führt zu neuer Gewalt, ist Franziskus überzeugt. »Wenn die Opfer von Gewalt der Versuchung zu widerstehen wissen, können sie die glaubhaftesten Leitfiguren in gewaltfreien Aufbauprozessen des Friedens sein.« Die Feindesliebe bilde den »Kern der ›christlichen Revolution‹«, so Franziskus. Das »Evangelium von der Feindesliebe« werde zu Recht als »die Magna Charta der christlichen Gewaltlosigkeit« betrachtet. Die Kirche müsse sich daher dafür einsetzen, »die Anwendung von Gewalt zu begrenzen durch moralische Normen, durch ihre Teilnahme an den Arbeiten der internationalen Einrichtungen und durch den kompetenten Beitrag vieler Christen zur Ausarbeitung der Gesetzgebung auf allen Ebenen«.

Deutlicher noch als seine Vorgänger spricht sich Franziskus gegen Atomwaffen aus. Während Johannes Paul II. und auch Benedikt XVI. darauf gedrängt haben, »mit Entschiedenheit ihre Verminderung und ihren endgültigen Abbau zu verfolgen«, kommt Franziskus im November 2017 zu dem Schluss, dass »die Androhung ihres Einsatzes sowie ihr Besitz entschieden zu verurteilen [sind], gerade weil deren Vorhandensein in Funktion einer Logik der Angst steht, die nicht nur die Konfliktparteien betrifft, sondern das gesamte Menschengeschlecht«. Anlass war ein Kongress über die »Perspektiven für eine atomwaffenfreie Welt und für eine vollständige Abrüstung«. Dabei begrüßte Franziskus das UN-Abkommen zur Abschaffung von Atomwaffen vom Juli 2017 ausdrücklich. Er machte sich in seiner Rede an die Teilnehmer einer Vatikankonferenz die Position des UN-Abkommens zu eigen, »dass Atomwaffen nicht nur als unmoralisch, sondern auch als illegitimes Mittel der Kriegführung zu betrachten sind«. Der Papst macht Druck auf die Atommächte. Schon der Besitz der nuklearen Massenvernichtungswaffen ist nicht hinnehmbar. Ein Friede, der auf Abschreckung beruht, ist aus päpstlicher Sicht ebenfalls nicht hinnehmbar. »Vor allem atomare Massenvernichtungswaffen vermitteln lediglich ein trügerisches Gefühl von Sicherheit und können nicht die Grundlage für ein friedliches Zusammenleben der Glieder der Menschheitsfamilie sein, das dagegen inspiriert sein muss von einer Ethik der Solidarität.«

Da ist es wieder, das Thema, welches das gesamt Pontifikat durchzieht: Grundlage des Friedens ist die Gerechtigkeit. Schon in *Evangelii gaudium* warnt Franziskus, »die soziale Ungleichheit [erzeugt] früher oder später eine Gewalt, die der Rüstungswettlauf nicht löst noch jemals lösen wird. Er dient nur dem Versuch, diejenigen zu täuschen, die größere Sicherheit fordern, als wüssten wir nicht, dass Waffen und gewaltsame Unterdrückung, anstatt Lösungen herbeizuführen, neue und schlimmere Konflikte schaffen« (EG 60).

Die Position des Papstes zur atomwaffenfreien Welt ist nicht unumstritten. Der Politikwissenschaftler Christian Hacke bezeichnet sie als »illusorisch und sicherheitspolitisch bedenklich«. Die Welt würde dadurch nicht sicherer, zeigt er sich überzeugt. »Im Gegenteil, der Rüstungswettlauf würde (wieder) konventionell angeheizt werden und ohne nukleare Abschreckung in die abschreckenden Kriegsmuster von vor 1945 zurückfallen.« Nationale Machtinteressen würden konventionelle Kriege damit wahrscheinlicher machen, schreibt Hacke Mitte November 2017 in der *Süddeutschen Zeitung*. Nun fordert der Papst ja nicht nur eine atomwaffenfreie Welt, sondern kritisiert grundsätzlich die Herstellung und den Handel mit

Waffen. Es ist aus Sicht von Franziskus ein unmoralisches Handeln, Milliarden Euro in Militärgüter zu investieren, während gleichzeitig Millionen Menschen Hunger leiden und unter unwürdigen Bedingungen leben müssen.

Franziskus hatte bereits Anfang September 2017 in einem Interviewbuch eine kleine Kehrtwende in der kirchlichen Haltung zum Thema Krieg vollzogen. Das Konzept des »gerechten Kriegs«, das in der katholischen Kirche eine lange Tradition hat, müsse überdacht werden, erklärt er. »Kein Krieg ist gerecht. Die einzig gerechte Sache ist der Friede.« Im April 2016 hatte im Vatikan eine Tagung zum Thema »Gewaltfreiheit und gerechter Friede« stattgefunden. Am Ende forderten die Teilnehmer den Papst auf, die Lehre vom »gerechten Krieg« nicht mehr fortzuschreiben und in einer Friedensenzyklika Perspektiven eines »gerechten Friedens« aufzuzeigen. Die Vorstellung, dass es einen »gerechten Krieg« gebe, mindere das Engagement, nach gewaltfreien Lösungen von Konflikten zu suchen, hieß es als Begründung. Erfahrungsberichte der Teilnehmer etwa aus Pakistan, Afghanistan, dem Südsudan und dem Irak hätten gezeigt, dass (militärische) Gewalt als Antwort auf Gewalt nicht zu dauerhaften friedlichen Lösungen geführt habe.

Für die katholische Kirche wäre die Abkehr von der Lehre des »gerechten Kriegs« eine kleine Revolution. Von Augustinus über Thomas von Aquin gibt es dazu eine lange Tradition in der kirchlichen Lehre. Im *Katechismus der katholischen Kirche* (Artikel 2309) werden die Bedingungen genannt, unter denen eine militärische Aktion zu rechtfertigen wäre. Allerdings wurde in den letzten Jahren im kirchlichen Kontext immer seltener vom »gerechten Krieg« gesprochen. Die Deutsche Bischofskonferenz hat bereits im Jahr 2000 ein bischöfliches Wort unter dem Titel *Gerechter Friede* veröffentlicht. Eine lehramtliche Äußerung in diesem Sinne würde daher von höchster Stelle das festschreiben, was in der Kirche schon seit längerer Zeit diskutiert und weitestgehend geteilt wird. Es wäre angesichts der Vorarbeiten keine Überraschung, wenn Franziskus das etwa in Form eines Apostolischen Schreibens oder gar einer Enzyklika machen würde.

Aber was ist mit dem IS? Hier hat sich Papst Franziskus im Sommer 2014 klar positioniert. »In diesen Fällen, wo es sich um einen ungerechten Angriff handelt, kann ich nur sagen, dass es legitim ist, dem ungerechten Angreifer Einhalt zu gebieten. Ich unterstreiche das Verb: Einhalt gebieten. Ich sage nicht: bombardieren, Krieg führen, sondern Einhalt gebieten. Die Mittel, mit denen man Einhalt gebieten kann, müssen abgewogen werden. Dem ungerechten Angreifer Einhalt zu gebieten, ist erlaubt.« Er verurteilt in diesem Kontext nationale Alleingänge und verweist auf die UNO als den richtigen Ort, um zu entscheiden, ob es sich um einen »ungerechten Angreifer« handelt und auf welchem Wege ihm Einhalt geboten werden soll.

Franziskus ist überzeugt, die aktuellen Herausforderungen können nur durch gemeinsames Handeln der Staaten bewerkstelligt werden. Es geht um ein »globales Gemeinwohl«, das über allem Handeln stehen muss, denn es geht um die »eine Menschheit«. Entsprechend unterstützt der Papst Initiativen der UNO, die mehr Gerechtigkeit und einen nachhaltigen Lebensstil fördern. Dabei geht er über das hinaus, was bisher vatikanische Gepflogenheit war. Seine offene und klare Unterstützung konkreter UN-Initiativen wie etwa der *Agenda 2030 für nachhaltige Entwicklung* ist in dieser Form neu. Sogar der Zeitpunkt der Veröffentlichung der Enzyklika *Laudato si* war so gewählt, um auf die Diskussion Einfluss nehmen zu können. Damit wird der Papst zu einem bewusst handelnden politischen Akteur auf Weltebene. Zusammen mit der Botschaft zum katholischen Weltfriedenstag am 1. Januar 2018 unter dem Motto *Migranten und Flüchtlinge: Menschen auf der Suche nach Frieden* veröffentlicht der Vatikan 20 »Handlungsschwerpunkte«, um die *Global Compacts for Migrants* zu unterstützen, die Ende 2018 verabschiedet werden sollen. Das sind Hilfestellungen für die Diskussion kirchlicher Vertreter mit Politikern mit dem Ziel, auf die Inhalte der *Global Compacts* Einfluss zu nehmen.

Weiter denken
oder: Die Tradition ist dynamisch

»Die Tradition ist eine lebendige Realität und nur eine begrenzte Sicht kann sich das ›depositum fidei‹, das Glaubensgut, als etwas Statisches, Unbewegliches vorstellen. Man kann das Wort Gottes nicht einmotten als wäre es eine alte Wolldecke, die man vor Schädlingen bewahren müsste. Nein! Das Wort Gottes ist eine dynamische Wirklichkeit, stets lebendig, und es entwickelt sich und wächst, denn es ist auf eine Erfüllung hin angelegt, die die Menschen nicht stoppen können.« Unter anderem mit diesen Worten begründet Papst Franziskus Mitte Oktober 2017, warum er den *Katechismus der katholischen Kirche* ändern möchte und fortan die Todesstrafe aus katholischer Sicht verboten sein soll. Er erinnert an den alten Mönch Vinzenz von Lérins, der im 5. Jahrhundert festgestellt habe: »Die Wahrheiten der Kirche gehen voran, *ut annis consolidetur, dilatetur tempore, sublimetur aetate.*« Das heißt: »Sie festigen sich mit den Jahren, sie entwickeln sich mit der Zeit, sie vertiefen sich mit dem Alter.« Es gehe also beim Verbot der Todesstrafe nicht um eine »Änderung der Lehre«, sondern eine Weiterentwicklung oder vielleicht besser Weiterführung in Anlehnung an die Konstitution *Dei Verbum* des II. Vatikanischen Konzils. Dort sprechen die Konzilsväter von einem dynamischen Prozess. »Diese Apostolische Überlieferung kennt […] einen Fortschritt, […] wächst […] strebt ständig der Fülle der göttlichen Wahrheit entgegen, bis an ihr sich Gottes Worte erfüllen« (DV 8). Franziskus ist überzeugt, »die harmonische Entwicklung der kirchlichen Lehre gebietet es, Positionen zu vermeiden, die an Argumenten festhalten, die längst eindeutig einem neuen Verständnis der christlichen Wahrheit widersprechen«. Als Prämisse über allem steht die göttliche Liebe und Barmherzigkeit.

Vor diesem Hintergrund sind etwa die Äußerungen von Papst Franziskus in *Amoris laetitia* zum Umgang mit den Beziehungen, die nicht dem katholischen Ideal entsprechen, zu verstehen. Hier geht es nicht um Widersprüche zur Lehre früherer Päpste, sondern Franziskus sieht sich in einer Linie auf dem Weg des immer tieferen Eindringens in die göttliche Wahrheit. Im Kontext der Diskussion um die Papstrede zur Todesstrafe erklärte der Wiener Kardinal Christoph Schönborn, dass der Passus im Entstehungsprozess des 1992 veröffentlichten Katechismus umstritten gewesen sei. Johannes Paul II. habe eine entschiedenere Ablehnung gewünscht. »Aus Respekt vor der überlieferten Lehre« habe er dann den Vorschlag des Redaktionsteams akzeptiert. Kritiker werfen Franziskus nun vor, er habe nicht genügend Respekt vor der Tradition und verändere kurzerhand die traditionelle Lehre. Dem begegnet Franziskus mit dem Hinweis, dass die Tradition eine »lebendige Realität« sei und nichts Statisches.

Vielleicht war die Zeit Anfang der 1990er-Jahre noch nicht reif für diesen Schritt. Heute lässt er sich mit den von Franziskus vorgetragenen Argumenten wagen, ohne damit die Tradition zu verraten. Das könnte auch für andere Bereiche gelten, etwa den Empfang der Sakramente für wiederverheiratete Geschiedene, das gemeinsame Abendmahl für konfessionsverbindende Ehepaare, die Weihe von Viri probati. Franziskus hat in einem zwei Jahre dauernden Prozess zu Ehe und Familie genau beobachtet, wie die Diskussionen zum Thema wiederverheiratete Geschiedene verlaufen sind, und ist zu dem Schluss gekommen, dass eine überwältigende Mehrheit der Bischöfe den jetzt gegangenen Weg mitgehen wird und dieser sich theologisch sauber begründen lässt. Dabei kann das tiefere Eindringen in die Wahrheit Gottes bedeuten, den eingeschlagenen Weg einen Schritt weiterzugehen wie bei den wiederverheirateten Geschiedenen, oder auch eine Kehrtwende zu machen wie beim Thema Todesstrafe. Die Erfahrung, dass ein Papst ernst macht damit, die Lehre nicht mehr als etwas Statisches anzusehen, macht natürlich vielen Menschen Angst. Aber Franziskus ist überzeugt, wenn die Kirche stehen bleibt, steht sie im wahrsten Sinne des Wortes auf verlorenem Posten. Daher muss sie sich inhaltlich und strukturell bewegen. Als Orientierung gilt die radikale Rückbesinnung auf Wort und Tat Jesu.

In diesem Sinn sind nach fünf Jahren durchaus Veränderungen in Rom und in der Weltkirche festzustellen, auch wenn sie sich vielleicht nicht in Mitgliederzahlen messen lassen. Es fällt auf, dass sich mit der Dauer des Pontifikats die kurialen Stellen immer mehr in ihrer inhaltlichen Arbeit in den Dienst der päpstlichen Themen stellen. Während in früheren Pontifikaten die einzelnen Dikasterien oft durch eigene Themensetzung auffielen sowie durch ständige Publikation eigener Texte und Instruktionen, geht es zunehmend darum, die päpstlichen Texte und Anliegen für den eigenen Fachbereich zu adaptieren. Das gilt für den sozialethischen Bereich rund um *Evangelii gaudium* und *Laudato si* genauso wie für den eher pastoral-theologischen Bereich rund um *Amoris laetitia*. Die Dikasterien organisieren Symposien im Vatikan und in Zusammenarbeit mit Bischofskonferenzen oder anderen kirchlichen Institutionen rund um den Globus. Das ist es, was Franziskus unter der »diakonalen Haltung« der Römischen Kurie versteht, wie er es in seiner Ansprache an die Führungskräfte zu Weihnachten 2017 ausführt. Es gehe darum, »sich in den Dienst des Nachfolgers Petri zu stellen. Das ist eine schwerwiegende Verantwortung, aber auch ein besonderes Geschenk, aus dem sich im Laufe der Zeit eine gefühlsmäßige Bindung innerer Vertrautheit mit dem Papst entwickelt, ein natürliches idem sentire, das gerade in dem Wort ›Treue‹ gut zum Ausdruck kommt.«

Neben dieser »diakonalen Haltung« der Kurie fällt auf, dass seit dem Amtsantritt von Papst Franziskus von Lehrverboten durch die Glaubenskongregation eigentlich nichts mehr zu hören ist. Auch hier scheint es mehr um Integrieren als um Ausgrenzung zu gehen. Man kann sich des Eindrucks nicht erwehren, als gebe es den Versuch einer konzertierten Implementierung päpstlicher Ideen und Positionen. Es wird versucht, möglichst breit den Samen der »franziskanischen Gedanken« zu streuen. Ob und wann er aufgeht, ist ungewiss, auch wenn durchaus an vielen Stellen erste Aufbrüche erkennbar sind.

Deutlich wird das etwa in einer neuen Balance der Schwerpunktsetzung in vielen Bischofskonferenzen. Der sozial-caritative Bereich wird gestärkt, die Menschen an den Rändern kommen stärker in den Blick. Die katholische Kirche wird nicht mehr nur mit sexualethischen Fragen in Verbindung gebracht, sondern ganz stark mit Fragen der Gerechtigkeit und einer nachhaltigen Lebensführung. Dass der Vorsitzende der Deutschen Bischofskonferenz, Kardinal Reinhard Marx, eine Diskussion über neue Zugänge zum Priesteramt für legitim hält und sich dafür ausspricht, das Thema Viri probati, also die Weihe von »bewährten verheirateten Männern« zu Priestern, gründlich und »in der ganzen Bandbreite« zu diskutieren, ist auch ein Indiz für eine Veränderung in der katholischen Kirche hin zu mehr Offenheit in der Diskussion und zu mehr Mut, Kirche weiter zu denken. Papst Franziskus selbst schließt Viri probati nicht aus. Er erwartet aber, dass ihm Bischöfe und Experten ein schlüssiges Konzept dazu vorlegen, um dieses dann diskutieren und gegebenenfalls auch umsetzen zu können. Der Papst sieht es nicht als seine Aufgabe, in allen Bereichen selbst neue Ideen zu entwickeln. Vielmehr sieht er seine Rolle eher darin, Freiheit für die theologische Debatte zu schaffen, Leitplanken zu setzen und dann die Diskussion zu beobachten. Das schließt nicht aus, dass er in entscheidenden Momenten eingreift, sortiert und einordnet. Das hat der synodale Prozess zu Ehe und Familie gezeigt.

Das gilt auch für die Frauenfrage in der katholischen Kirche. Franziskus hat zwar betont, dass die Einsetzung einer Kommission zum Studium des Diakoninnenamts in der Frühen Kirche nicht automatisch bedeutet, dass er den Frauendiakonat einführen möchte. Doch welchen Sinn macht eine Studienkommission, wenn als Ergebnis nachher nur Papier produziert wird in Form eines Abschlussberichts? Franziskus ist eigentlich nicht der Typ für solche Art der Beschäftigungstherapie. Allerdings muss man nach fünf Jahren konstatieren, dass es gerade beim Thema »Frauen und Kirche« viele Worte, aber wenige Taten gegeben hat. Immer wieder spricht sich der Papst dafür aus, dass Frauen mehr in Leitungs- und Entscheidungsfunktionen der Kirche sichtbar werden müssten. Doch passiert ist an dieser Stelle wenig, zumindest wenn man aus der Perspektive des deutschen Sprachraums auf diesen Bereich blickt. Denn hier ist die Position der Frauen bereits weit besser als in anderen Regionen der katholischen Weltkirche. Professorinnen an theologischen Fakultäten, Leiterinnen von Seelsorgeämtern und Dezernaten in Ordinariaten – damit ist man im weltweiten Vergleich einen großen Schritt voraus. Dennoch liegt auch im deutschen Sprachraum noch vieles im Argen, da kann der Frauenförderplan der Deutschen Bischofskonferenz nur ein erster Schritt sein auf einem langen Weg hin zu einer wirklich sichtbaren Präsenz der Frauen in den Entscheidungspositionen der Kirche. Beim Papst selbst sieht man an dieser Stelle auch nicht viele Taten. Es gibt zwar erstmals eine Frau als Direktorin der Vatikanischen Museen sowie eine stellvertretende Leiterin des Vatikanpresseamts und im neuen Dikasterium für Laien, Familie und Leben zwei Frauen auf Stufe drei der Hierarchie; aber vieles wirkt an dieser Stelle noch etwas halbherzig.

Ähnlich sieht es beim Thema Missbrauch aus. Hier hat Franziskus zwar die Position von seinem Vorgänger Benedikt XVI. übernommen, die von drei zentralen Punkten geprägt ist: null Toleranz gegenüber den Tätern, Hilfe für die Opfer und Ausbau der Präventionsmaßnahmen. Doch die konkrete Arbeit gerät immer wieder ins Stocken. Franziskus kämpft mit denselben Widerständen, die schon Benedikt XVI. an dieser Stelle ausgebremst hatten. Das sind zum einen Bischofskonferenzen, die das Thema noch immer tabuisieren. Das sind zum anderen aber auch Widerstände innerhalb der Kurie, wenn es um die Aufarbeitung von Missbrauchsfällen geht. Franziskus hatte im Dezember 2013 eine Kinderschutzkommission eingerichtet. Darin waren neben kirchlichen Experten auch zwei Opfer sexuellen Missbrauchs durch Kleriker. Beide haben im Verlauf des vier Jahre dauernden Mandats der Kommission ihre Mitarbeit frustriert vorzeitig beendet, weil aus ihrer Sicht zu wenig für die Aufarbeitung getan wird. Sei es, dass sie Kritik an der Arbeitsweise der in der Kurie zuständigen Glaubenskongregation hatten, sei es, weil nach wie vor nicht konsequent Bischöfe und Ordensobere zur Verantwortung gezogen werden, wenn sie Missbrauchsfälle vertuscht oder die Aufarbeitung verschleppt haben. Zwar hat Franziskus auf Anraten der Kinderschutzkommission die rechtlichen Regelungen entsprechend verschärft, doch es hapert an der Umsetzung.

Wie bei den Finanzreformen im Vatikan, die Franziskus gleich zu Beginn seines Pontifikats beherzt angegangen ist. Manches wurde in den ersten fünf Jahren durchaus erreicht. Doch es knirscht an vielen Stellen. 2017 war in diesem Bereich ein schwieriges Jahr. Mit Kardinal George Pell kam Franziskus der oberste »Aufräumer« in diesem Bereich abhanden. Pell muss sich in Australien gegen Vorwürfe im Kontext des Missbrauchsskandals verteidigen. Der Papst stellt ihn im Juni 2017 frei, um sich vor Ort dem Verfahren stellen zu können. Danach bleibt das 2014 neu geschaffene Wirtschaftssekretariat, das Herz der neuen vatikanischen Finanzarchitektur, über Monate ohne wirkliche Führung. Ebenfalls im Juni 2017 tritt überraschend der oberste Wirtschaftsprüfer des Heiligen Stuhls, Libero Milone, zurück. Die Gründe für den Schritt bleiben im Dunkeln. Auch sein Posten wird über viele Monate nicht neu besetzt. Im November 2017 wird ein führender Mitarbeiter der Vatikanbank IOR entlassen. Der Europarat mahnt Anfang Dezember

2017 an, dass der Vatikan zwar mittlerweile gute Gesetze gegen Geldwäsche, Korruption und Terrorfinanzierung implementiert habe, doch fehle es an der entsprechenden strafrechtlichen Verfolgung und an Gerichtsprozessen bei Verdachtsfällen.

Ist das der übliche Gegenwind bei Veränderungen oder gibt es ganz bewussten Widerstand gegen die Person Franziskus und seine Reformen? Die Wahrheit liegt sicherlich in der Mitte. Viel Sand kommt ins Getriebe durch handwerkliche Fehler bei den Reformen. Sei es, dass es Franziskus an Konsequenz in der Umsetzung einmal beschlossener Veränderungen fehlt, sei es, dass er, aufgrund seiner Vorbehalte gegenüber der Römischen Kurie, die er auch nach mehreren Jahren als Papst und damit Chef derselben noch immer nicht abgelegt hat, den Apparat nicht wirklich zu nutzen weiß und damit die Fachexpertise auch nicht in die Neukonzeptionierung einfließen kann. Es war sicherlich ein guter Gedanke, in den Kardinalsrat – kurz K 9 – mit dem Kardinalstaatssekretär und dem Gouverneur des Staats der Vatikanstadt nur zwei Kuriale zu berufen, aber sieben amtierende oder emeritierte Diözesanbischöfe. So ist gewährleistet, dass die Probleme und Herausforderungen der Weltkirche in diesem direkten Beratungsgremium des Papstes ihren Niederschlag finden. Mit den Abläufen in der Kurie hingegen war die Mehrheit der K 9-Mitglieder jedoch nicht vertraut. Sie musste sich die Expertise erst mühsam erarbeiten. Dadurch zieht sich die Reform unendlich in die Länge. Anfang Dezember 2017 fand bereits das 22. Treffen der K 9 statt und der Output ist nach fast fünf Jahren überschaubar. Der Kardinalsrat kann damit seiner zweiten wichtigen Aufgabe, nämlich den Papst in der Führung der Weltkirche zu beraten, nur bedingt nachkommen, da er über lange Zeit mit dem Projekt Kurienreform beschäftigt ist.

Nichtsdestotrotz ist der Kardinalsrat ein wichtiger Baustein in der Weiterentwicklung des Papstamts und der katholischen Kirche. Franziskus hat bei der Besetzung darauf geachtet, dass neben der

Kurie und der Vatikanstadt alle Kontinente vertreten sind. Es ist damit ein erster Schritt hin zu einer größeren dauerhaften Einbeziehung der Ortskirchen in wichtige Entscheidungsprozesse des Papstes. Eine Reform des Instruments der Bischofssynode wäre ein weiterer. In einer Kirche, die stärker synodal und dezentral organisiert ist, kommt der römischen Zentrale eine neue Rolle zu. Sie hat weniger Macht, entscheidet weniger und ist eher dazu da, den Papst bei seiner inhaltlichen Arbeit zu unterstützen. Vielleicht legt Franziskus daher auch mehr Kraft in die Reform der Gesamtkirche als in den römischen Verwaltungsapparat. Wenn die Gesamtarchitektur der katholischen Kirche neu gestaltet ist, wird sich auch die Rolle der Römischen Kurie finden.

Die Amtszeit von Franziskus wird so zu einem Übergangspontifikat. An vielen Stellen müssen neue Formen des Miteinanders und Zueinanders der verschiedenen Ebenen und Institutionen gefunden werden. Wenn mit dem II. Vatikanischen Konzil, wie Karl Rahner es formulierte, wirklich eine solch historische Zäsur verbunden ist durch den Übergang von der abendländisch-eurozentrischen zur polyzentrischen Weltkirche, wäre es ein Wunder, wenn es im Pontifikat eines Papstes, der sich die Umsetzung dieses Konzils zur Aufgabe gemacht hat, nicht Reibungspunkte und so manche Sackgasse oder zumindest aber Umwege gäbe.

Wichtig wäre allerdings, dass die ganzen Vorgänge offen und transparent vonstatten gingen. Das ist an vielen Stellen nicht der Fall. Das ist der Nährboden für Verschwörungstheorien und natürlich auch ein Einfallstor für diejenigen, die die Veränderungen verhindern oder aber zumindest die Vorhaben verwässern wollen. So paradox es klingen mag, aber um die katholische Kirche synodaler und dezentraler zu gestalten, braucht es einen starken Papst, um die notwendigen Reformen auch wirklich durchsetzen zu können. Franziskus musste in den ersten fünf Jahren seines Pontifikats lernen, dass er dabei viel Geduld braucht und mit vielen guten

Worten vorgehen muss. Was er der Kurienspitze vor Weihnachten 2017 mit auf den Weg gegeben hat, gilt sicherlich auch für die Veränderungsprozesse in der Gesamtkirche. Er zitierte den belgischen Erzbischof Frédéric-François-Xavier de Mérode, der Ende des 19. Jahrhunderts an der Römischen Kurie arbeitete und feststellte: »In Rom Reformen durchzuführen, heißt gleichsam die Sphinx von Ägypten mit einer Zahnbürste zu putzen.« Es scheint, als kehrt Franziskus in der katholischen Kirche lieber mit der Zahnbürste als mit dem Besen. Denn, von einigen hartnäckigen Fällen abgesehen, die er versetzt oder in Pension geschickt hat, setzt Franziskus auf die überzeugende Kraft der Worte, indem er seinen Gegnern »alle Zeit gibt, wieder den rechten Weg aufzunehmen, in der Hoffnung, dass sie in der Geduld der Kirche eine Gelegenheit finden, sich zu bekehren«.

Er ist sich sicherlich bewusst, dass er an vielen Stellen die angestoßenen Prozesse nicht wird zu Ende führen können, selbst wenn ihm noch einige Jahre als Papst bleiben. Wenn die Historiker richtig liegen und die Umsetzung eines Konzils rund 100 Jahre braucht, dann kann Franziskus mit seinem Pontifikat, das genau in der Mitte dieses Zeitraums begonnen hat, vielleicht bei der Umsetzung neuen Schwung bringen, aber nicht die zweiten 50 Jahre in ein Pontifikat packen.

Dessen ist er sich bewusst; daher ist sein Ziel, die Prozesse in Gang zu bringen, die für die notwendigen Reformen wichtig sind, und auf dem Weg zumindest zu dem Punkt zu kommen, an dem die Neuausrichtung unumkehrbar ist. Er möchte, dass auf allen Ebenen Kirche weiter gedacht wird, damit sie im 21. Jahrhundert bestehen kann. Das gilt sowohl für die Strukturen als auch für die Inhalte, sowohl für die pastoral-theologischen als auch für die sozial-ethischen Fragen.

Ein wichtiges Ziel hat Franziskus auf jeden Fall erreicht: Die Wahrnehmung der katholischen Kirche hat sich in seinem Pontifikat verändert. Sie wird differenzierter gesehen als in den Jahren davor. Sie ist auch politischer geworden, obwohl es Franziskus als Papst und Politiker letztendlich »nur« darum geht, in der Nachfolge des Jesus von Nazaret die Menschen für Gott zu begeistern und die Welt mitzugestalten, damit die Menschen in Würde, Frieden und Gerechtigkeit leben können.

Abkürzungen zitierter päpstlicher Texte

AG *Ad gentes.* Dekret über die Missionstätigkeit der Kirche (II. Vatikanisches Konzil)

AL *Amoris laetitia.* Nachsynodales Apostolisches Schreiben über die Liebe in der Familie (Papst Franziskus)

CIC *Codex Iuris Canonici.* Kodex des kanonischen Rechtes (von Papst Johannes Paul II. promulgiert)

CV *Caritas in veritate.* Enzyklika über die ganzheitliche Entwicklung des Menschen in der Liebe und in der Wahrheit (Papst Benedikt XVI.)

DV *Dei Verbum.* Dogmatische Konstitution über die göttliche Offenbarung (II. Vatikanisches Konzil)

EG *Evangelii gaudium.* Apostolisches Schreiben über die Verkündigung des Evangeliums in der Welt von heute (Papst Franziskus)

GS *Gaudium et spes.* Pastorale Konstitution über die Kirche in der Welt von heute (II. Vatikanisches Konzil)

LE *Laborem exercens.* Enzyklika über die menschliche Arbeit (Papst Johannes Paul II.)

LG *Lumen gentium.* Dogmatische Konstitution über die Kirche (II. Vatikanisches Konzil)

LS *Laudato si.* Enzyklika über die Sorge für das gemeinsame Haus (Papst Franziskus)

MV *Misericordiae vultus.* Verkündigungsbulle des außerordentlichen Jubiläums der Barmherzigkeit (Papst Franziskus)

QA *Quadragesimo anno.* Enzyklika über die gesellschaftliche Ordnung (Papst Pius XI.)

SRS *Sollicitudo rei socialis* (»Die Sorge um das Soziale«). Enzyklika zwanzig Jahre nach der Enzyklika *Populorum progressio* (Papst Johannes Paul II.)

© Alessia Giuliani

Jürgen Erbacher, Politikwissenschaftler, Theologe und Journalist, ist Redakteur des ZDF mit dem Schwerpunkt Papst und Vatikan, Theologie und Kirche. Er lebt in Mainz und Rom. Er hat Papst Franziskus auf vielen Reisen begleitet. Bekannt ist er nicht nur durch seine Präsenz im Fernsehen, sondern auch durch mehrere Bücher und seinen erfolgreichen Blog »Papstgeflüster«.

Eine neue Grundmelodie der Pastoralkultur

Paul M. Zulehner
»Ich träume von einer Kirche als Mutter und Hirtin«
Die neue Pastoralkultur von Papst Franziskus

168 Seiten
Klappenbroschur, 12 x 19 cm
ISBN 978-3-8436-1029-2

Auch als eBook

Papst Franziskus hat in wenigen Jahren die Pastoralkultur der katholischen Kirche tiefgreifend verändert. Unter dem großen Vorzeichen des Erbarmens soll die Kirche in der Nachfolge des Heilands Heil-Land für die Menschen sein, oder wie der Papst sagt: ein Feldlazarett, um die Wunden der Menschen zu heilen. Akzente verlagern sich: von der Sünde zur Wunde, vom Moralisieren zum Heilen, vom Gesetz zum Gesicht, vom Ideologen zum Hirten. Trotz aller Widerstände wirbt der Papst unentwegt für diesen Kurswechsel zu einer Kirche, von der er sagt: »Ich träume von einer Kirche als Mutter und als Hirtin.« Paul M. Zulehner folgt Franziskus bei seinem Versuch, die Pastoralkultur der Kirche zu kräftigen, indem er an die Wurzeln geht und das Handeln der Kirche am Erbarmen Gottes ausrichtet. Das wird Leben und Wirken der Kirche verändern.

PATMOS
www.patmos.de